大展好書 好書大展

大展好書 好書大展

心靈雅集
62

領悟佛經的智慧

劉欣如／著

大展出版社有限公司
DAH-JAAN PUBLISHING CO., LTD.

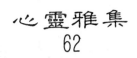

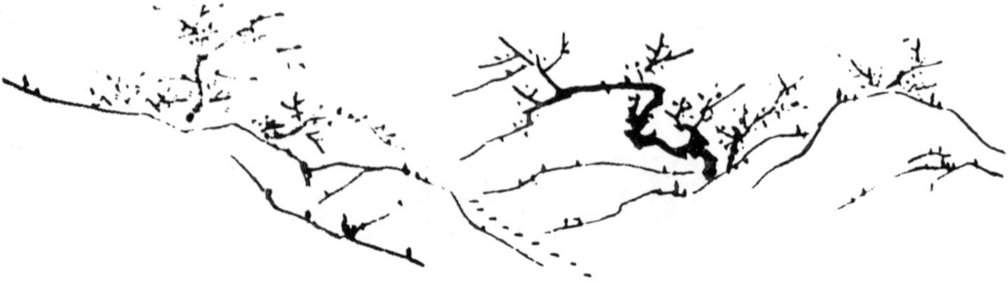

作者簡介：

劉欣如：一九三七年出生、新竹縣人。

曾任教台灣大專院校講師及福嚴佛學院。現在旅居美國洛杉磯市，擔任美國佛教宏法中心總編輯。譯作有：『阿含經與現代生活』、『佛教說話文學全集』（一～十一集）、『業的思想』、『大智度論的故事』、『釋尊的譬喻與說話』、『唯識學入門』、『唐玄奘留學記』、『喬答摩佛陀傳』、『佛教的人生觀』、『現代生活與佛教』等，並有佛教散文發表於國內外佛學雜誌。

序 (一)

我是個佛教徒，公務餘暇，愛看些佛書。可惜，許多佛書深奧難懂，不易體悟佛法的精髓。幸好，有些佛書比較深入淺出，非常生活化，讓人能解易懂，而旅美佛教作家劉欣如居士的暢銷作品也是其中之一。

劉居士作品的最大特色，除了淺顯踏實，還剖述自己的生活體驗，以及報章雜誌的情報資料，反映佛理不是談玄說妙和人云亦云的民俗信仰，而的確有他殊勝的地方，例如因果業報、緣起思想、無常無我等觀念，都能印證在人間，讓人明白佛法不離世間法，跟我們的日常生活是息息相關的。所以，若能用佛法來理解人世間的問題，應該會有比較深入及比較客觀的體悟；同樣地，若能依佛法行事，則起心動念間，一舉手一投足，都會循規蹈矩，符合社會的需要。

年來台灣經濟繁榮，建設成功，已是不爭的事實，但是，這不表示國人生活得很充實、很幸福。根據香港一家調查機構到亞洲九個國家做過一次調查：「你快樂嗎？」結果，卻意外地發現最先進、最有錢的日本人，列為最不快樂；其次為台灣人；菲律賓人反而最快樂、最樂觀。由此看來，豐富的物質享受並不是人生最大和最終的目標，精神層次的提升與心靈空間的充實亦不可等閒，這項調查結果值得我們深思。

劉居士原籍新竹縣的客家人，目前僑居美國洛杉磯市，工作餘暇，熱心寫作弘法，已經出版『佛教說話文學全集』、『佛法與神通』、『隨緣隨筆』等膾炙人口。

如今正為大展出版社寫作一系列佛教生活化、趣味化和淺顯化的暢銷作品，希望接引初學佛的人。

同屬佛教徒，本著三寶弟子的信念，雖然公務繁忙，也非常願意寫幾句話作為最簡單的序文，並願意早日讀到劉居士的出版作品。

吳伯雄　謹識

八十三年四月

序 (二)

劉欣如先生，出生台灣省新竹縣，曾任小學教師及大學講師，業餘從事翻譯與寫作。一九八三年以來，旅居美國洛杉磯，與友人共創「美國佛教弘法中心」，餘暇致力於佛書的編譯，已出版有『唐玄奘留學記』、『現代人的佛教』、『佛教的人生觀』、『現代生活與佛教』、『喬答摩佛陀傳』、『阿含經與現代生活』、『怎樣活用佛陀的智慧』等書，皆為暢銷一時的優良讀物。此外，由佛光山出版社出版的「佛教說話文學全集」，更是廣受讀者的歡迎。

欣聞劉先生正著手將以往在「覺世旬刊」、「妙林」、「菩提樹」、「獅子吼」、「慈雲」、「南洋佛教」等雜誌發表過的精闢佛教散文，整理成冊，以為發行；他又埋首翻譯了大乘佛典導論，也即將出版。讀者們有福了。

此行來美，甫抵洛城，即應邀為劉先生作序。有感於在物質重於精神，功利主義盛行的美國社會裡，劉先生以一介佛教徒，不計名利，不為得失，以文字般若弘揚佛法不遺餘力，可感可佩，遂義不容辭，為他作序。

翻閱劉先生的作品，無論翻譯或著作，為文簡潔明瞭，不加修飾，率性道來，令人感覺非常親切。從一系列佛教的生活智慧到佛教人生觀的發表文章，在在顯示劉先生悲天憫人、關懷社會的胸懷。『華嚴經』、『大般涅槃經』、『六度集經』、『大智度論』等大經大論的精華躍然於紙上。凡他引用之故事，篇篇精采，發人深省。不必說教，就能令人深深體會佛法的大意和修持的妙處。期盼劉先生的大作能早日出版，讓讀者們從中擷取纍纍的果實吧！

一九九二年九月

星雲　於西來寺

序 (三)

一九八五年八月，我在洛杉磯法印寺，結緣一群善知識，劉欣如居士是其中之一。之後，我和他們登記籌組「美國佛教弘法中心」，會中推薦我擔任會長，直到現在。其間，劉居士負責文宣和編輯。雖然，他平日忙於旅館事業，每有餘暇，卻全力奉獻於弘法中心的寫作、出版，至今仍然不曾間斷。

「弘法中心」成立兩年後，劉居士首先出版『阿含經與現代生活』，內容淺顯易懂，極適合初學佛的人，結果，很快一版再版，但都屬結緣贈送，不收稿酬。之後，蒙台灣普獻法師無量壽出版社的資助，陸續出版『唐玄奘留學記』、『現代人的佛教』、『般若心經與美滿人生』、『現代生活與佛教』、『佛教的人生觀』、『怎樣活用佛陀的智慧』、『喬答摩佛陀傳』等書，都出自劉居士的手筆。同時，他也在佛光山出版『佛教說話文學全集』（共十一冊），膾炙人口，受到廣大佛友們的喜愛。

另外，他平時也在國內外佛學雜誌，諸如「獅子吼」、「南洋佛教」、「菩提樹」、「妙林」、「慈雲雜誌」、「覺世」等處，發表佛教散文，吐露自己十年學佛心得。他寫的文章內容，最大特色也是淺顯實用，而不在研討佛學，或引經據典去考證佛理。一切資料都取自日常生活，旨在論釋佛法不離世間法，詳述世間各種現象，都能靠佛法來破解，反證人云亦云，和知識上的論點，都不是究竟圓滿的答案。尤其，從他的作品裡，不難看出佛教不是談玄說妙，而是日常生活能夠實踐的寶典，所以，讀完這些書後，都會有很多受用。

據我所知，許多初學佛的人，也難免誤解佛教，才不懂得處理實際生活的煩惱，例如煩惱的起因、性質和消滅的方法。當自己在看報紙或聽新聞時，常常迷惑於假象，不知緣起緣滅，而視它們為實相，執著一切，才造成根本苦惱。諸如這些例證的解說，也可從本書裡領悟得到。

無疑地，在美國弘法會碰到數不盡的辛酸、挫折，但前景是光明的，我們有信心發現佛教在美國的生存空間，不會比美國傳統的宗教遜色。毋寧說，也許有過之而無不及。一般說來，美國人比較習慣理性，有較多知識階級傾向真理，只要認為佛法符合真知灼見，首先，會很快的在序怎樣領悟佛經的智慧大學裡講授，並接受挑戰，這樣，就不難找到立足和發展的機緣。但是，若要達到這些目標，不能仰賴奇蹟和僥倖，而絕對要依靠許多善知識來落實和努力。幸好，我們佛教弘法中心的同修們都懷有這項共識與理念，明知這是一條漫長、艱辛的路程，無如，我們認為凡事總要有人肯做第一步，以後才有人做第二步和第三步……，同時，我們也只盼量力而為，即使只能邁出一小步也不妨，讓第二步、第三步和以後的路子，因緣際會時，由別的佛友們來繼續。當然，劉居士也一直熱心參與這項事業，而不會途中退怯。

我謹代表「美國佛教弘法中心」幾位同修，表達由衷的鼓勵，說幾句肺腑的話，當做簡單的序文。

洛杉磯佛教聯合會
美國佛教弘法中心
會長　照初
一九九二年九月十日序於菩提寺

自序

學佛不太論資歷，但屈指一算，我學佛也已經十五年了。

皈依後，我匆匆來到美國。剛來兩年裡，除了奉行師父——真華上人的臨行贈言：「老老實實唸佛」，我實在沒有時間讀佛經或看佛書。但因緣不可思議，我在洛城法印寺遇見幾位善知識，繼而組辦「美國佛教弘法中心」，才在餘暇譯佛書和寫作，一直持續到現在。

最近一年，我特別留神世上發生的各種現象，到底跟佛法有什麼關係？換句話說，我一面仔細地生活，一面觀察佛法與生活的關係。因為我對佛學沒有深入研究，實修功夫也不足，自然在這方面的觀察也不夠周密和精闢。

不過，這些散文內容，都是我自己體驗佛法的心得，談不上知見或正見，只是拋磚引玉，想引起更多大德們來談論佛法，尤其是生活性的佛教內容，便於接引初機者和想要學佛的有緣人。

因為我學佛後，一直住在加州洛杉磯，沒有機緣參訪國內的高僧大德，聆聽他們的教誡和開示，始終覺得是一大憾事。不過，我卻有更多機會接觸異教徒，尤其是基督教與天主教徒，反而常常有比較教義和辯論的機會，結果，讓我更慶幸自己選擇了正確的信仰，也能體驗到佛法的殊勝與奧妙。

依我的淺見，佛教將來在美國的發展空間不會比在東方社會遜色。愈重視理性和知識的社會，愈能襯托佛教的殊勝、偉大，因為佛教的內涵豐富正確，將受到文明人的喜愛與擁護，自然不在話下。怕的是，沒有人才來弘揚而已。

起先，我比較熱衷佛書閱讀，喜愛究竟教理，直到自己發覺讀經研究，沒有解除多少煩惱，經過一番反省，始知自己陷入知識論裡，變成一個佛學研究者。於是，我趕緊掉頭，轉向生活化的佛教。結果，才發現法喜充滿的感覺，原來出自「信受奉行」。

本著野人獻曝的心情，謹把這些心得提供給初學佛的同修，希望一塊兒來享受法喜，豐富人生。

學佛中，我很感激新竹福嚴佛學院師生的接引和栽培，在洛城時，「弘法中心」的同修們多方鼓勵與提攜，尤其，本書能夠出版，幸蒙大展出版社蔡森明居士協助，都令我感激不盡。

劉欣如序於
洛杉磯
一九九九年二月

目錄

1 國家富強何愁外敵？

（長阿含遊行經）

某年，摩竭陀國的阿闍世王想要攻打跋祇國。一天，國王心裡尋思：

「不論跋祇國多麼強悍，軍隊多麼勇敢，我也要消滅他們。」

他很有信心地吩咐大臣——禹舍：

「禹舍呵！你去一趟靈鷲山，代我禮拜佛陀，然後稟告佛說：『跋祇國人自恃強悍，不服從命令，才想去攻打他們，不知世尊有什麼教誨？』之後聽佛開示，回來報告我。」

禹舍奉了國王命令，乘車來禮拜釋尊，談到怎麼樣討伐跋祇國。此時，釋尊問背後站立的阿難：

「阿難，你所說跋祇國人常常舉行會議嗎？」

「世尊，我的確聽人說過。」

「阿難，如果他愛談正常的問題，必然長幼和睦，國運會愈來愈昌隆，你曾聽說該國君臣上下都能互敬互愛，和睦團結嗎？

「我的確聽人說過。」

「果真如此，該國一定會愈來愈富強。阿難，你曾聽說跋祇國的百姓頗守國法，不礙禮節嗎？」

「我的確聽人說過。」

「果真如此，那麼，他們一定會愈來愈富強，阿難，你曾聽說跋祇國人都很孝順父母、尊敬師長嗎？」

「我的確聽人說過。」

「果真如此，那麼，他們一定會愈來愈強盛。阿難，你曾聽說跋祇國人都很恭敬宗廟、禮拜諸佛嗎？」

「我的確聽人說過。」

「果真如此，那麼，他們一定會愈來愈強大，阿難，你聽說過跋祇國人的夫妻敬重禮教，不曾有過邪行等事嗎？」

「我的確聽人說過。」

「果真如此，那麼，他們一定會愈來愈強盛，阿難，你可曾聽說跋祇國人都能禮敬大德、竭盡護法的責任嗎？」

「我的確聽人說過。」

「果真如此，那麼，該國一定會愈來愈強大，勢力不可忽視。」

禹舍聽了釋尊和阿難這段問答，心裡馬上領悟，便稟告釋尊：

「佛陀談到國家富強的條件，始知跋祇國人全都具備了。果真如此，顯然不可能征服他們。勞您操心，恕我先行告退！」

結果，阿闍世王才打消征服跋祇國的野心。

【佛理今釋】——國家富強的條件是，百姓和睦守法，上下團結，大家都有宗教信仰，每對夫妻和諧，不會為非做歹。若能這樣，即使國家再小，也能有旺盛的內聚力，和命運共同體的信念。這一來，就不怕外來的強敵侵擾了。

反之，有些國家自以為龐大，兵多勢眾可以嚇人，完全不考量強弱的其他條件，例如自身內部不合，上下陰奉陽違，老百姓勾心鬥角，或貪官污吏、懶惰腐化。那麼，這樣顯然缺乏富強國家的條件，倘若貿然去侵犯別國，或自以為是，不顧鄰國的憤怒，結果也未必能得到勝利，由於成功的因緣不具足，不是只靠野心就能成事，也許適得相反，成事不足，敗事有餘。

國際社會如此，個人何嘗不是如此，只要有抗敵的決心，何愁外敵虎視眈眈？

時代的潮流不斷往前衝，而今再也不談大國要征服小國，或強國攻打弱國的事，只要彼此和平相處，共同努力締造地球村，人類喜樂相共，提高生活幸福才對，世界關貿組織就是最好的例證……。豈可依強凌弱、仗勢欺人乎，強國要節制野心才對！

2　生生世世父子情

（大悲經第二）

那天，釋尊正在拘尸那城外，即將涅槃。此時，弟子們個個心情沈重，尤其是羅睺羅，更陷入深沈的回憶裡。以前是密切的父子關係，而今以「師徒」相稱。眼見釋尊入涅槃的時刻，就迫在眉捷，這是永遠的分離啊！父親的死，不，釋尊的入滅是他所不忍見到的……。

此時，在羅睺羅的腦海裡，關於父親——釋尊的記憶，如走馬燈般的一一浮現在腦海。懷念父親的淚水，不停地涔涔落下。他心想：

「明天！明天，我再也看不到釋尊在弟子的圍繞下說法了。」

「羅睺羅呵，你別這麼想。釋尊正因為想看你最後一面，才慈悲地一再延長涅槃的時刻哩！」

羅睺羅獲悉做父親的釋尊，為了自己而延長涅槃，就不再猶豫回到父親的身邊，站在父親的釋尊面前。同時他合掌，含著悲傷的淚水。只聽到釋尊吩咐他說：

「羅睺羅呵，你不能這樣哭著哩！不可以這麼悲嘆苦惱。你已經盡了做兒子孝敬父親的一切。我也盡了做父親的疼愛兒子的一切。我在世間的因緣已盡，但除了你以外，我不會做別人的父親。羅睺羅呵！縱然我的肉體消失，你我生生世世也都會是父子關係……。」

【佛理今釋】——彼此的父子或母女關係都是前生註定，因果業報所使然，既然有這層深厚的親密因緣，雙方都要努力珍惜，在生生世世的輪迴中保持善緣，例如在有生之年，父慈子孝，雙方扮演父親和兒女應扮的角色，千萬不要互相傷害對方，或彼此成了冤家或仇怨對象，硬將善緣扭曲為孽緣，就會造惡業，那麼，以後的惡因惡果就夠受了。

雖說諸佛都一樣，難免生老病死，做完該做的事業，便要入涅槃，無奈，凡夫之心很難避免，目睹心愛的親人即將永遠去世，也會忍不住觸景生情，生起無限的哀慟，像羅睺羅對自己的父親釋尊即是例證，由此啟發我們有生之年要孝養父母，以免父母不在懊悔莫及。

3 快種福田莫負人身（雜譬喻經上）

有一次，阿育王病重臥床。一位修行人來探訪國王。不料，阿育王忍不住淚水潸潸，修行人百般安慰國王。

「到目前為止，大王做過的功德，好像恆河沙石那麼多。應該是沒有遺憾才對。」

「縱然這樣死了，我也沒什麼好憎恨。惟一遺憾的是，我曾在自己的領土上建造一千兩百座塔寺，如果能再親自為每座寺掛上金幡，那麼功德才更圓滿。可是，如今雖有這個願望，奈何病重在床，恐怕不能如願了。」

修行者聽到國王真誠的吐露，立刻大顯神通，將國王建造的一千兩百座塔寺，聚集在病床前。國王一看，心生法喜。於是，他手持金幡一一掛在一千兩百座塔寺上。幸賴修行者的協助，國王才能如願以償。因而發了更大的菩提心，又延壽二十五年。

【佛理今釋】——學佛的人要牢記「萬般帶不去，只有業隨身。」不論善業惡業，如影隨行，緊緊跟著自己的生命在輪迴。人在有生之年，宜快種福田，努力造善業，累積功德，才不辜負難得的人身。阿育王皈依佛教以前，曾率兵攻打鄰國，開疆擴土，目睹戰況悲慘，造下許多殺業，但也從此領悟佛教的旨趣，才放下屠刀，極力護法，建造功德，希望藉此沖淡或轉化自己的惡業。所以，他在臨死之前，仍然會念念不忘建造佛寺和佛塔，落實菩提心，應該可以當做佛教徒的榜樣。

4 持「戒」第一，才能得「定」（思奈耶第一）

印度的鞞貫城郊外居住一位須達多長者，家財萬貫，膝下僅有一個獨生子，名叫須達多迦蘭陀子，因為崇奉佛法，故出家為僧。

有一年，須達多迦蘭陀子偕同一群僧人，到竹林精舍避夏安居。不料，當地發生大飢荒，僧眾也就有一餐，沒一餐了。須達多迦蘭陀子目睹情狀，便對他們說：

「我的故鄉在鞞貫羅城，我們何妨到那裡，一則教化他們，二則也能解除我們的飢餓，諸位以為如何？」

僧眾都支持他的意見，一起去鞞貫羅城行乞了。行乞完畢，須達多迦蘭陀子碰巧遇到家裡的女傭，不料，她飛快地跑回家，去稟告須達多迦蘭陀子的母親說：

「夫人！夫人！少爺回來啦。」

須達多迦蘭陀子的母親聽了喜出望外，立刻來見兒子，說道：

「孩子！我們都好想你喔，回家吧！回來行布施，也是一種好修行啊！」

「我不想放棄出家的修行。」

母親又說：

「孩子，你的心意既然這樣堅決，我也不勉強，不過，你是迦蘭陀家唯一的獨子，一旦我們死了，家裡的田產、財寶，全部都會被充公，你總得為我們想一想啊！」

「娘！如果妳肯讓我繼續出家，我也不會讓妳失望。」

母親聽了欣然回家，把媳婦叫來：

「過幾天，你把自己打扮得漂亮一點，我帶你去一個地方。」

過了幾天，須達多迦蘭陀子的媳婦，果然穿戴美麗，來到婆婆的身邊。母親帶著羞答答的媳婦來找自己的兒子，說道：

「須達多迦蘭陀子！如果我們沒有繼承人，那麼，所有財產都會被政府沒收的，你自己看著辦吧！」

母親說完話，留下媳婦，便意味深長地回去，須達多迦蘭陀子體諒母親的央求，眼見妻子羞答答站在身邊，就帶著她來到人跡罕到的地方，完成了義務。

因為那次的結合，使妻子有了身孕，十月後，生下一個可愛的男孩，母親滿心歡喜地取名為「續種」。

然而，須達多迦蘭陀子事後只要一想到自己那不淨的行為，忍不住慚愧交加，簡直無顏再見自己的同參道友，最後決定向大眾懺悔這件事。之後，釋尊才開示淫慾的可怕，並制定了戒律。

【佛理今釋】——出家修行是大丈夫的事業，非帝王將相所能為，但在決心出家以前，應該要慎重考慮，一定徵得父母的同意，或對自己應盡義務有妥善的安排，免得修行途中牽腸掛肚，妨礙道業，須達多迦蘭陀子便是一件例證。

出家後又有做愛行為，縱使當年屬於合法夫妻，一旦出了家，便要決心持戒，才能得到「定力」，精進道行，早日證悟。

證悟以前都是凡夫，犯錯難免，這時便要認真懺悔，不再犯錯，才有意義。否則，一錯再錯，始終不能懺改，就完全失去出家修行的意義了。

釋尊有鑒於此，才制定淫戒，可知佛戒是有根據的，很務實，真正能使修行人調御淫慾，得到定力，證到佛果。這就是學佛重視持戒、得定和智慧的原因，千萬不能等閒，尤其，淫慾是萬惡之首，需要用最大的努力去調伏或駕馭，否則會使修行前功盡棄，值得學佛人再三警惕。

5 懺悔也有功德

（毘尼母經第三）

有一位僧人名叫禪那陀，在山林寂靜處精進修行，信眾都很護持他，但是日子久了，只剩下一名女信徒供養他。

誰知那個女人漸漸對禪那陀有了愛意。禪那陀也明白她的心，但是，他一想起佛的教誡，便立刻打消妄念，反而更精進修行。誰知女人還不死心來到山林找他，這一來，他終於抵抗不了女人的誘惑，與她有了不正常的關係，當他警醒後，很懊悔自己的行為，便瘋狂似地掙開女人的手，往村裡跑去。他一面奔跑，一面大聲地叫喊：

「小偷！小偷！」

村人看見這情景，嚇一大跳，問道：

「怎麼啦，小偷拿你什麼？」

禪那陀潸然淚下地說：

「煩惱的小偷搶走了我精進的道行。」

他只好向人們坦露自己的罪行了。大家聽了都同情他，只聽一位僧人建議他：

「一位聖者叫做波奢，他精通戒律，你何妨去請教他怎樣清淨罪行？」

於是，他去拜訪波奢聖者，懺悔自己的罪行，並請示他怎麼樣才能清淨，只聽聖者反問他說：

「你真想清淨一番自己的罪行嗎？」

「只要能清淨罪行，我一定做。」

這一來，聖者就命人挖一個大洞穴，並點火燃燒，等火勢兇猛時，聖者就偕他走到火坑旁邊，說道：

「你若想清淨罪行，就得往裡面跳。」

事實上，聖者早已悄悄地吩咐火坑旁邊的僧眾們：「他若真要跳下去，你們可要馬上捉住他呀！」

誰知禪那陀聽完聖者的話，果然毫不畏縮地往火坑裡跳下，幸好周邊的僧眾即時拉住他了。這時才看到聖者含笑對他說：

「你的罪業已經消失啦！身心也清淨啦，繼續修道吧！」

得到清淨的禪那陀，之後更精進修行，最後證得阿羅漢果位了。

【佛理今釋】——所謂「放下屠刀，立地成佛」，旨在強調知錯能改，真心懺悔。這正是佛教的慈悲，不忍心拒絕一個決心懺悔、企圖向善的人，縱使他（她）以前做奸犯科，滿身惡業，只要肯改過遷善，等於回頭是岸，照樣能夠證悟菩提。成佛做魔，全在自己一念之間，那個剎那的改變非同小可，轉念以前是惡魔，一念之後變菩薩，這種實例在古今中外，多得不勝枚舉。

例如，禪那陀有勇氣向眾人坦露自己的罪行，便值得讚嘆，之後，他敢往火坑下跳，表示決心和毅力，不是空口說的話，更是值得肯定了。

同理，以前種種譬如昨日死，今後種種譬如今日生，只要肯懺悔，那麼，他的成就和圓滿便指日可待。

6 忘我境界，全靠修持

（六度集經第七）

某年夏天，釋尊率領一千兩百五十名弟子來到一條小徑，便在一棵繁茂的巨樹下，靜靜地坐禪觀想了。

只見釋尊在禪定裡悠然自得，外界任何動盪都不會妨礙他，片刻後，釋尊才從禪定中出來，覺得十分口渴，便回顧阿難說：

「阿難！你去河裡舀些水來好嗎？」

「世尊！剛才有五百輛馬車經過，把溪水搞得髒兮兮，不能喝呀！」

阿難剛說完，又聽釋尊說：

「我的口非常渴，煩你走一趟，看哪裡有水，就舀些水來吧！」

阿難只好到前面一條溪谷去，水很清澈淨涼………。

當釋尊與阿難在談話時，羅迦藍的婆羅門弟子，名叫胞爵，仰望釋尊的法相莊嚴，不由得生起恭敬，合掌走到釋尊面前，禮拜說：

「剛才有五百輛馬車經過，難道你沒聽到嗎？」

「我沒有聽到。」

「怎麼會呢？五百輛馬車的聲音有多大，可能在坐禪專心觀想，才沒有聽到。」

胞爵聽了釋尊的話，心裡這樣尋思，五百輛馬車的轟隆轟隆聲，飛沙走石，震動地面，只有一心思惟真理的如來才聽不到，也看不見，回想自己當年的師父羅迦藍在世，不也是如此嗎？他緩緩地抬頭，仰望著釋尊說：

「世尊進入禪定，不會受到外界的干擾，就跟我以前的師父一樣。我彷彿見到家師，可否從今開始，讓我遵行您的教誨，奉持五戒好嗎？」

釋尊答應了。接著說：

「胞罽呵，五百輛馬車的聲音，跟轟隆的雷聲相比，怎麼樣呢？」

「千輛的車聲也比不上小雷的聲響，大雷的聲響，就更不用說了。」

「從前，我在阿譚縣一間屋裡靜坐，觀想生死的苦本，忽然間雷電交加，打死四條巨牛，和耕田的兩兄弟。待一切靜止之後，鄰近的人聚集談論，收拾殘局。之後，我剛從禪定出來，聽到外面熱鬧哄哄，便問他們：

『發生什麼事？』

附近的人把剛才的情況說了一遍，同時問我：

『剛才巨雷聲響，難道佛爺沒聽到嗎？』

待我說出靜觀的經過，他們深受感動，從此信奉佛法，成了虔誠的佛教徒。」

胞罽聽完佛的話，心生法喜，拿出一件金織的衣服來供養釋尊，並說：

「我希望本村的人，都能分享法喜，可否請釋尊到寒舍普照。」

釋尊總算圓了胞罽的願望，率領徒眾前去普照了。

【佛理今釋】——佛是開悟的人，也有吃喝的生理慾望和新陳代謝，並非不食人間煙火的神鬼。

佛陀的智慧所以能殊勝圓滿，斷盡一切苦惱，在於他有極高的禪定功力，而這份造詣遠非婆羅門的羅迦藍所能比擬，因為羅迦藍的定力雖然高深，卻不及圓滿究竟的程度，所以不能證悟成佛，這是學佛人必須明白的。

進入深沈的禪定時，會忘記外面的一切動靜，即使如巨雷響聲，或千輛馬車的轟隆聲音也聽不到，可見功力有多深，也唯有在這種境界裡才能觀照生死的來龍去脈，和宇宙現象的本質，禪定工夫淺，怎麼可能呢？

佛陀弘法不但以德感人，也以能耐服眾，而不是靠吹噓唬人，胞屬皈依佛教便是好例子。

我們做人處事也應以能力服人，不要攀附或諂媚……。

7 業因業果，都非偶然

（生經第一）

某年，釋尊住在祇園精舍。有一天，釋尊率領徒眾去王宮，接受波斯匿國王的供養。當時，一名比丘尼叫做暴志，突然當眾扯住釋尊的衣袖，大聲叫喊：

「佛陀！你好殘忍，我的肚裡有你的骨肉，而你卻不理我，也不給我衣食，忍心讓我受這麼多苦。」

這名比丘尼看來大腹便便，好像快要生產了。

這時，在場的群眾驚訝得說不出話來。大家心想，佛陀是三界的導師，心如摩尼珠一樣清淨，不要說現在，就連過去和未來都無人能與比擬，像這樣尊貴的釋尊，怎麼會使那個比丘尼懷孕呢？可是，她是佛門女弟子，若無其事，怎麼敢在大庭廣眾前面羞恥釋尊呢？大家馬上面面相覷，全都說不出話來。

釋尊知曉大家的心理，但也默不做聲，只有遠望天邊。幸好帝釋天領悟釋尊的意思，即刻化做一隻小老鼠，爬到那個比丘尼的衣服裡，咬斷了繩子，掉落一個大木盆，才使他的大腹萎縮下來。

這時，群眾始知比丘尼的陰謀，紛紛指責她的奸計，國王在震怒之下，立刻下令：

「既已拋棄家庭，做了佛弟子，不但不讚嘆如來的無上功德，反而誹謗大聖，實在不應該，現在把她活理算了！」

釋尊即刻阻止，反而告訴國王和群眾說：

「不要處罰她，我自己也有宿罪。」

這時，釋尊才說起這段怨恨的因緣。

遠在過去世，有一個商人擁有許多珍寶。一天，有一個女人要向他買一顆大珍珠，不料，一個漢子突然出雙倍價錢把那顆大珍珠給買走了。這一來，女人十分心疼，便央求那個漢子轉讓，誰知對方嚴詞拒絕了。這時，她恨恨地發誓：

「我苦苦哀求你，你卻不答應，令我非常羞愧，這筆怨恨使我生生世世不會忘，一有機會我非報不可。」

懷恨在心的女人，正是眼前的比丘尼，而買走大珍珠的漢子，就是我的前身。

【佛理今釋】——冤家宜解不宜結，人生在世，千萬不要仗勢欺人，自以為滿口袋鈔票，便作威作福，或擁有權勢力量，便騎在弱者身上，得意忘形，殊不知任何業因都會有業果和報應，縱使今生不能了結，來生也有機會算清，甚至生生世世，一旦因緣成熟，也會惡果償還，休想抵賴，像釋尊已經成了佛，成就三界的導師，也依然不能躲過前世的惡因報應，這也是佛陀所謂三不能之一——不能逃避自己的業報。奉勸世人言行舉止都要小心，千萬別造惡因或惡業！

面對困擾或外面打擊時，切勿心隨境轉，驚慌失措。一面設法破解，一面耐心等待時機，總有水石落出，真相大白的時候。倘若因此憂愁或逃避，便是愚漢一個！

8 糊塗行事，自食惡果

（生經第一）

某年，釋尊住在舍衛國的祇園精舍弘法。

有一位僧人叫做和難，他為了鼓勵人們出家，只要對方肯當他的門徒，也不問對方什麼人，亦不察明他的行為，都一律給予剃髮，授予僧戒。

其他僧人見了都勸諫他：

「你做事太輕率了。為了廣收弟子，來者不拒，既不看他是否適合過僧團生活，也不管他以前的行為，就輕率地准予出家，小心將來會後悔。」

無奈，和難依然我行我素。

有一個兇狠的賭徒，乍聞和難家裡有好多衣服、缽、碗具，於是，萌起歪念頭，想要去偷，他左想右想，忽然心生一計，說只要願意出家，他既不問來歷、行為，便肯收下做弟子。他暗想以拜師為由，然後來偷他的東西。

果然，和難為賭徒落髮，授予比丘戒。之後，他也虛情假意、唯唯諾諾，以致深受和難的信任。有一天，和難不疑有他，乃將一切供養的衣服、用具託他保管，自行外出參訪。賭徒此時認為機會難得，乃大捲一切財物回老巢，和昔日的伙伴飲酒作樂了。

和難聽說新來的弟子溜走，匆匆趕回家一看，人去樓空，所有財物也不見了。

「你看！我們說得沒錯吧！濫收弟子，才有這種後果。他本來就是要來偷你的東西，根本不是想來求道，我想，他現在一定在大笑你的傻！」

大家一言一語，和難還有什麼話可說呢？

【佛理今釋】——以小人之心度君子之意固然不可以，但也不能不防範小人奸詐。所謂人心隔肚皮，或心機叵測，旨在叫人謹慎行事，不要輕信陌生客。眾生的品行、教養、行為……千差萬別，良莠不齊，若要收為門徒，朝夕相處，還是先小心觀察為妙。凡事慎之於始，才會減少失誤。何況，出家修行是大丈夫的事業，絕對疏忽不得，也絕對不是任何人都能勝任，怎可不事先仔細觀察呢？

不理會同修們善意勸諫，一意孤行，也是愚痴作風，結果遭到損失，又被人譏笑，當真自食惡果了。

9 天無絕人之路 （生經第五）

從前，波羅奈國的梵達王，慈悲賢能、德高望重，遠近皆知，有一年，突然發生旱災，餓死的、求乞的，多得不可勝數。國王目睹這種情境，立刻開倉行布施。不久，倉庫也快掏空了。可是，太陽依然高照，求乞的人民日漸增多，當然，餓死的人更是有增無減。

群臣聚會商討對策了。如果再繼續行布施的話，必然會使國庫一空，而導致亡國。所以必須阻止國王，大行布施才對。他們來到國王面前，說明原由。

「我不能停止布施，布施是我的本願。況且，拒絕求乞的人，實在是太殘酷了。不行！只要有人上門來，我一定要竭盡所能再布施。」

國王講得很堅決，群臣很困擾，便心思一計：

「凡來央求布施的人，一定要加重處罰。」

語氣嚴厲的布告，在各個大街小巷張貼，來自四方的饑民看見布告，全都惶恐不安，他們心想：

「國王是慈悲厚道的君主，這種布告恐非出自國王，一定是臣子們的計策。」

許多人痛罵群臣的殘忍無情，有一名婆羅門學徒，已經餓了好幾天，雖然，也曾出門求乞食物，但卻空手而歸，妻兒全都體力不支了，一天，妻子說：

「你何不去央求國王？只要肯去求他，他一定會布施的。」

「不行，外面的布告說，凡是去求乞的人，都要處以極刑。現在，國王只肯接見外國使者。」

「既然這樣，你何不打扮成外國的使者，要求謁見國王。只要能看到國王，自然就能得到施物。」

婆羅門學徒聽從妻子的話，化裝成使者，來到王城的大門，於是，他被安排而得以見到國王。

「你是哪國的使者啊？」

「大王啊！請你原諒。其實我並非外國使者，只因妻兒和我實在饑餓難挨，才不得已出此下策。許多人為了求財，竟不擇手段害人性命。而今我為了填飽肚子，便欺瞞大王，請大王慈悲原諒，也能幫助我們。」

國王很同情這位機智的學徒，即刻布施給他財物。

這位婆羅門學徒就是現在的阿難，而梵達王是波斯匿王的前身。

【佛理今釋】——俗稱天無絕人之路，切勿因為眼前有困難，便馬上心灰意冷，而不去設法突破。若要達到目的，眼前方法行不通時，實不宜立刻放棄，不妨另想他途，窮則變，變則通，坐困愁城，決非善策。

總之，路是靠人走出來的，只怕你不去走……。

還有善巧方便也值得嘗試，倘若執著僵硬，肯定死路一條，一切事在人為，成功不會從天上掉下來的。遇到挫折時，只有坐著等死才是不智之舉，學佛的人要用機智去破解，追求成功才是。

10 苦難成就逆增上緣（大方便佛報恩經第五）

一位比丘尼叫做華色，學佛證悟，頗有成就，她侃侃談起自己出家的經過。

我是舍衛國人，奉父母之命，嫁到北方去，幾年後生下兩個孩子，並且又懷孕在身。依照舊俗，我須回娘家去待產。所以，我們夫妻便偕同兩個兒子和男僕回舍衛國。不料，途中有一條大河突然暴漲，又適逢太陽下山，渡河既不可能，只好留在河邊過夜。到了晚上，我突然腹痛一陣，便生下第三個兒子了。正在高興時，卻沒有料到草叢裡藏著一條毒蛇，因為聞到血腥味，爬出來襲擊。她先咬了男僕，接著又咬死我的丈夫，同時想繼續咬死我要帶回娘家的牲畜。幸好，太陽東昇，毒蛇才爬回草叢裡去。這樣，才讓我跟孩子倖免於難。

丈夫的屍體由於毒氣蔓延，致使全身臃腫發黑，我悲慟得像發狂似地大哭起來。之後，水勢減弱，我背著次子，把嬰孩放在裙裡，用嘴巴銜住，準備先渡過河去。當我走到河的中央，回頭看看岸上，卻發現一條猛虎，正在追逐岸上的長子。我大驚之下，開口大喊長子快跑。

不料，咬在嘴裡的裙布因我開口而鬆掉，可憐剛出生的嬰孩，就這樣掉進水裡了。我連忙用雙手去打撈，結果不但打撈不到嬰孩，連背上的孩子也因為雙手放開，竟又使他掉入水裡。接著，眼前呈現的是，正在被兇虎追撲的長子。

「老天啊！這個世間還有天理嗎？」

我站在河裡片刻，好不容易才躑躅到岸上。

「你怎麼還在這兒，趕快回家啊！你家裡昨夜失火了。說來可憐，兩位老人家沒能逃出來，都葬身火海了。」

聽到長者的話，我再也支撐不住而昏倒在地了。半晌，我才慢慢蘇醒過來，不料，突然出現五百個強盜把長者等人殺死，搶走他們東西，而我也一樣被賊頭目捉走，做了他的押寨夫人。

每次強盜外出時，都命令我留在賊寨看守。一次，賊頭目厲聲吩咐：

「我不在家時，你不要隨便開門，以免被人發現，我回來示意你時，你得馬上開門。」

他說完後就出去了。後來，我因為不小心動了胎氣，剛好賊頭目搶了一批財物回來。當他示意開門時，適逢我正要分娩，他再三示意都不見我出來開門，怒不可遏之下，便爬牆進來了。

「你搞什麼鬼？我叫你，你敢不開門，難道還在恨我？……」

賊頭目拔出利刀威脅我說：

「如果你為了分娩，而我們被逮捕的話，全是這個嬰兒害的，那麼，我乾脆把他殺掉算了，你若想保住嬰兒全屍，就把他吞下去，膽敢說一個『不』字，我連你的頭也要砍下來。」

殘忍的賊頭目的確讓我心裡害怕，只好含著眼淚吃了自己的骨肉。

之後，他又去幹殺人搶劫的勾當。然而，惡貫滿盈的他，終於被逮捕了。這種罪不但他要被砍頭，連我也要被活埋。

於是，我想出一個法子，就是穿戴很多瓔珞等裝飾品。希望被貪婪的人發現，可以引誘他們來挖墳。果然到了半夜，一個歹徒偷偷跑來挖墳，搶走瓔珞，也把我帶走了，但很不幸的又被衙門發現，結果，歹徒依法被處斬，而我也再度被活埋。夜裡，我又被突襲了，然而對方不是人，而是一群飢餓的虎狼。他們落荒來找屍體吃，我也因此才能逃走，我一逃出來，便不分東西南北，只想找到人，只要是人……。

此時，適逢一位老婆羅門誠懇地指點我：

「你只要去信受佛法，才能得到身心的平靜。」

我急忙去拜見釋尊的姨媽——憍曇彌比丘尼，做了她的弟子，聆聽教誨，精進修行，才有今天的成就。

【佛理今釋】——一個人命運多乖，遭遇如此悲慘，實在令人同情，因為每件打擊都讓當事人痛不欲生，在這種情況下，若沒有佛教的智慧，真不易看得開，活得下去，遑論身心得到平靜乎？

放眼望去，每個人的境遇差別很大，好壞也很懸殊，難免有人比人，會氣死人的怨嘆，但若領悟佛教的智慧，便能以平常心過日子，知道因緣果報都是自己造的，而如是因，便有如是果，既然踫到了，逃也逃不掉，便逆來順受，以後若想有善報或好日子，就要今生多種福田了，反正人人都做得到，而不是某人的專利。

同理，眼見別人生活幸福，也不必嫉妒或羨慕，那是他（她）的福報因緣，絕不是僥倖或上天的垂憐，重要的是，珍惜當下，往者已矣，早日信受佛法，懂得幸福的道理才對。

11　恩怨有報，絲毫不爽

（大方便佛報恩經第七）

有一名僧人身上長出惡瘡，臭氣難聞，誰也不敢接近他，因此，他被隔離在另一間房裡。

有一天，釋尊悄悄到病房為病人洗淨膿瘡。不料，這件事卻傳到欲界諸天的耳朵。所以，帝釋天王率領無量的族屬，散落天華，奉起天樂，手持裝滿淨水的木桶，當面呈給釋尊了。

只見釋尊細長的五指放出大光明，遠射諸天大眾，然後再將光明聚集於身，來到病僧面前，普照病人。病僧被佛光普照後，疾病減輕了很多，他感念佛陀的慈悲，極力要撐起身體向如來膜拜，不料，自己的身體紋風不動。於是，釋尊的右手拿起帝釋呈獻的淨水，灌注在病僧頭上，再用左手拭去病僧的膿瘡，隨著釋尊的撫摸，病僧的惡瘡才一一痊癒，這一來，病僧的歡喜不在話下。

「南無大慈悲父，南無大醫王，幸賴您的慈悲，才把我的身疾醫好。現在，我還有些心病，敬祈如來憐憫，也能施予法藥剷除它。」

釋尊聽了便說：

「如來想起你的大恩，還想要報答你呢！」

之後，又給予各種教示，不久，他得到了解脫。

帝釋及其族屬、諸天都聽到釋尊的話，不禁都很懷疑，便紛紛請示釋尊：

「世尊委屈聖德，不但治好病僧的惡瘡，洗淨他的膿水，反而說在報答他的大恩，這到底是怎麼回事呢？」

諸天大眾呵！你們仔細聽我說明：

「遠在數千萬年前，有一個殘忍無道的國王，經常無故欺壓百姓，強奪人民的財產，不過，他信任一名刑吏。一天，惡王吩咐刑吏說：

『如果有心犯法，你不妨自行處置。如果有人肯用財寶來賄賂，你就寬恕他的罪行，然後我們來平分。』

刑吏聽從命令，果然毫不客氣地鞭策或杖打犯人，那些沒有財產的人，常被他活活打死。當時，有一名佛教徒不小心犯錯，被抓去關起來。佛教徒心想，這下非被他打死不可了。不料，這位刑吏卻沒有毒打他，反而放他回去。佛教徒想不到有這種恩賜，歡喜地向刑吏道謝離去。」

釋尊說到這兒，看了病僧，又補充一段話：

「當年那位刑吏，正是眼前的病僧，而那名佛教徒就是我的前身，因為有過這段因緣，我現在才來報答他。」

【佛理今釋】——佛法講三世因果，不止於今生今世，而是上自前生，下至來世，都不離因緣果報，所以今世若無緣無故得到某人的恩惠，別忘了有果必有因，那是他前世欠你的債，今生來回報你，而不是偶然，或意外，同理，今生若無緣無故被人迫害，也是你前世積欠他的怨恨，才遇到該得的果報，所以不要怨天尤人，應該自我反省。

世間有許多現象看起來很奇怪，好像莫名其妙地出現，其實不然，所謂無風不起浪，誠如偉大科學家愛因斯坦說：「天下絕對沒有偶然的事。」只是人類的智力還不到明察秋毫、無所不知的程度，才不知事情出現的背後原因，或整個過程的來龍去脈。如從佛法的觀點說，人生遭遇的起伏轉折都有它的因緣，而且有些來自前世，自己看不見，對方也不知道，才會覺得很突然、很奇怪，殊不知不是湊巧，也不會奇怪，三世因果而已。

有人壞事做絕，為所欲為，仗著財富與權勢消遙法外，好像很有辦法，其實未必，他們逃不掉三世因果的報應。縱使今生沒有報，肯定來世因緣成熟會有報應，反之，有人說：「若今生沒有機會報答，來世做牛做馬也會回報……。」可不是無的放矢，因為因緣果報是一條無相法律，連貫三世，彷彿佛陀替這位僧人看病的例子就是。

12 誠心供養最殊勝

（阿闍世王授決經）

王舍城有一名貧困的老太婆，一直想要供養釋尊，無奈，自己貧苦無依，始終不能如願。有一天，她在路上目睹國王載著麻油，正要送去精舍，這反而激起她更大的供養心。於是，她靈機一動，便向來往的路人求乞，一旦得到些錢，便先去油店買油了。油店老板看了她說：

「看你窮兮兮的樣子，怎麼不先去買些食物好充飢呢？」

老太婆答說：

「聽說百劫也很難遇到佛的出世，而今我幸逢佛陀在世，雖然我窮困潦倒，無力供養，幸能得到路人協助，所以我要先買些油來供養佛陀，祈望這份供燈的功德，能助我脫離三界生死，早日證悟。」

油店老板聽了，也被她的精誠感動，本來，她的錢只夠買到兩合油，但是老板卻給了她五合油。老太婆喜出望外，捧著油去拜見釋尊了。只聽她在發願：

「假如我將來能脫離三界生死，得到聖道的話，那麼，就讓這盞明燈燃亮通霄。」

老太婆向釋尊頂禮，供養後便自行離去。

夜裡，國王點的油燈中，有些油盡燈熄，有些被風吹熄，反而老太婆那盞燈，一直在燃燒，既沒有被風吹熄，五合油竟還沒有燃完。

次晨，天還沒亮，老太婆來拜見佛陀。當她看到這光景，歡喜之至，她恭恭敬敬向釋尊頂禮後，退在一邊，合掌面向釋尊坐下。這時，釋尊對目犍連說：

「天亮了，你去把燈滅吧！」

目犍連聽了釋尊的吩咐，便將一盞一盞的燈熄滅，眼見只剩下老太婆那盞燈，可是卻怎麼熄也不會滅。這時，目犍連大顯神通，發起一陣強風，結果，油燈愈發愈明亮，竟照遍三千世界每一個角落。只聽釋尊說：

「目犍連！這是佛的功德光明，縱使你用神通也一樣熄不掉。這位善女人在過去供養過一百八十億佛，而諸佛也都預言她會成佛，但是，她在過去世太重視講經說法，而忘了修行布施，致使這輩子才出生貧困。幸好她現在竭盡所能，誠心誠意布施一燈，因此，三十劫以後，她會功德圓滿成佛作祖，稱為須彌燈光如來。在這位佛的世界裡，沒有日與月，所有人民自身都具有大光明，與宮室的各類寶光相輝映，彷彿忉利天的寶珠網，彼此交錯相映。」

老太婆聽了釋尊的預言，忍不住心頭大喜，便向釋尊的腳頂禮後離去。

阿闍世王聽見這事，奇怪地問耆婆：

「我一向恭敬佛法，也一直供養佛陀，但為什為佛陀沒有給我半句預言，反而對那個僅供養一燈的老太婆極力讚揚，給予授記呢？」

耆婆回答：

「大王的供養的確無話可說，但心意卻不盡然，反觀那位老太婆的供養雖然微薄，無如，她對佛那份供養心卻不是大王所能比擬的。」

國王聽了耆婆的話，不禁慚愧得很……。

【佛理今釋】——布施或供養，重在誠心誠意，而不在物質多少或貴賤，供養與布施當然是好事，可以破解貪婪、培養慈悲，倘若今生慳貪太重，不肯布施或供養，來生會生活貧困。故宜在有生之年多種福田、多行布施。

13 佛法不是神通

（四分律第五十一）

從前，印度有六位外道思想家，各人都擁有一大群弟子，跟釋尊分庭抗禮，例如富蘭迦葉擁有九萬名弟子，末伽羅瞿奢羅擁有八萬名弟子，而尼鍵陀若提子也擁有四萬名弟子，聲勢都很浩大……。

當時，王舍城有一位長者信奉這六名外道。有一天，他們用大栴檀樹做缽，以寶物做袋子，放進缽裡，豎立著標幟，上面寫著：

「王舍城裡，不論僧眾或婆羅門，凡能證到阿羅漢的悟境，兼得神通力者，都可以拿走這個鉢。」

這一來，以富蘭迦葉為前鋒，接著有末佉羅瞿奢羅、阿夷頭翅舍欽婆羅、波瞿迦栴延、尼犍陀若提子等逐一上陣，各顯神通，爭著要搶奪那個鉢，可是誰也得不到它。這時候，佛門弟子如賓頭盧聖者，和目連聖者，正好坐在一個大石頭上，只聽賓頭盧聖者向目連說：

「你證得阿羅漢果，世尊稱你是神通第一，何不去拿下那個旃檀鉢呢？」

「我不曾在外道面前表現過神通，你才是證得阿羅漢果，且有大神通，世尊說你是獅子吼第一，該你去拿下那個鉢才對。」

賓頭盧被目連一說，立刻舉起大石頭騰身飛往王舍城上空盤旋七次。城內的百姓擔心大石頭掉下來，紛紛東逃西竄。長者站在高樓上，遠遠望著聖者，忍不住合掌作禮說道：

「你把這個鉢拿下來好嗎？」

賓頭盧聖者果然飛到高樓拿下了鉢。

「請你落下來吧！」

賓頭盧聖者也依照長者的吩咐，從高空落到長者的家裡，長者立刻從賓頭盧手上接過食缽，裝上許多美食，再獻給聖者。聖者收下，再度大顯神通，向高空飛去。

僧團裡比較穩重的人，對於賓頭盧聖者的行為頗不以為然，甚至有人大加指責，同時將情況稟告釋尊。釋尊聽了召集徒眾，當面詢問賓頭盧：

「聽說你在外道和俗人面前顯現神通，有這回事嗎？」

「是的，的確如此。」

釋尊立刻斥責他：

「你的行為不是出家人應該做的，為了一個無聊的木缽，竟也在俗眾面前顯現神通，無異一個妓女為了一點點錢，竟在眾目睽睽之下，跳舞一樣。」

釋尊說到此，又把賓頭盧呵斥一頓，同時打碎那個旃檀缽，作為徒眾的警戒。

【佛理今釋】——佛教也有神通，例如佛陀具足六種神通，而目連也被稱為神通第一，不過，神通再大也抵不過業力，而佛教用神通的情況非常慎重，絕不隨便顯耀，除非迫不得已才用，例如賓頭盧聖者的作風就不應該，只為了小利便露出底牌，頗為不智。

同理，高人不露相，或錢財不露白都是為人處事的座右銘，許多人為了誇耀才華或財富，結果帶來意外的災害，環視四周，有諸多這些實例。出家修行尤其要警惕，否則，便是不夠格的出家人。

14 清者自清何需辯白（四分律第十三）

有一個少婦的籍貫在毘舍離，卻嫁到舍衛國一位長者的家裡。有一天，丈夫不在家，婆媳吵架，她氣憤離家出走，要回到自己的娘家——毘舍離。

阿那律剛好也要從舍衛國去毘舍離，途中，自然跟這個少婦不期而遇了。

「聖者啊！你要去哪兒？」少婦問阿那律。

「我想去毘舍離。」阿那律回答。

少婦央求說：

「聖者！我也要去毘舍離，可否煩你也帶我一起去？」

阿那律允諾了，便偕同少婦一起上路。

再說少婦的丈夫回家，見不到妻子，便跑去問母親。

母親據實相告：

「她跟我吵架後離家出走了，到底去哪裡我也不知道。」

丈夫吃驚地跑出去，往毘舍離的街道上找尋，不久果然追上妻子，卻見她跟一位年輕莊嚴的沙門同行，樣子好像極為親熱，丈夫見了醋勁大發，就跑前指責阿那律：

「你為何拐走我的太太？」

「不要胡說，我不是這種人。」

「你現在明明帶著我太太一起走。」

少婦看見丈夫跟阿那律爭吵，也從旁向丈夫解釋：

「你不要誣賴聖者，我只跟聖者結伴而行，也沒有做什麼對不起你的事。」

無奈，丈夫一直不相信，說道：

「他明明誘拐妳，妳還替他辯護。」

冷不防看他打了阿那律一巴掌，因為事出突然，阿那律被他一打摔倒在地上，說不出話來，半晌，他才改變心意，走到路邊的草上，結跏趺坐，心境澄淨，進入火光三昧裡，少婦的丈夫看了才知道眼前的沙門，果然是身心清淨，一切全是自己的莽撞。他心想：

「待聖者從三昧裡出定後，我再向他頂禮，懺悔自己的過失，懇求他寬恕。」

好一會兒，阿那律才從三昧裡出定。少婦的丈夫在阿那律的腳下，懺悔自己的罪過：「聖者啊！請您接受我的懺悔好嗎？」

阿那律答應了，他向阿那律的腳頂禮後，退在一邊坐下，阿那律說法給他聽，讓他起了歡喜心。

阿那律回到僧團後，便將此事告訴其他同道。其間，有心的僧眾聽了便責備他說：「阿那律怎能跟別人的太太結伴同行呢？」

大家將此事稟告釋尊了。釋尊馬上召集僧眾，當場問明此事，然後斥呵責阿那律：「你怎可跟別人的太太結伴同行呢？這是沙門不該做的，這會失去沙門的威儀。」

接著，就制定僧眾以後不能與婦女結伴同行。

【佛理今釋】——按理說，遭人誣賴，又被人誤打，肯定會火冒三丈，豈有此理嘛！然而真正有修行的人卻能冷靜下來，心不會被外境所轉，讓清者自清，等待機會，還我清白。當然，凡事要看情況來決定，每件個案都有不同因緣才會發生，所以，也不妨用不同方法處理或面對，反正事情要處理圓滿最重要。

知錯又肯懺悔，善莫大焉，這樣懸崖勒馬，非常值得肯定，學佛應該這樣，最後也能皆大歡喜……。

釋尊制定戒律是有其根據和因緣，知道怎麼樣情況帶來不便與困擾，便嚴格制定這項規矩，只要遵行，便能得到清淨法喜。

15 因果自負小心為是 （四分律第十八）

末利夫人是舍衛國波斯匿王的王妃，被選入王宮以前，出身卑賤，曾在婆羅門富翁家裡當女傭，日子很苦惱。

當然，她進入王宮後，生活環境完全改觀。有一天，她要去參訪佛陀，便準備五百輛馬車，率領五百名侍女，隊伍浩浩蕩蕩的離開王宮，直往祇園精舍。到了門前，侍女扶著她走進園裡。釋尊的相貌端莊無比、態度嚴肅，彷佛象王在座，夫人瞻仰釋尊，歡喜地下跪，向佛腳頂禮後，便退在一邊坐下。只聽她問釋尊：

「世尊啊！同樣生為女人，為何有些既不漂亮，又無財富，還被人輕視；有些女人雖然長相很醜，遭人卑視但有龐大的財富；有些女人臉孔雖醜，但是富貴雙全；有些女人長得美麗，又有財富，更受大家的尊敬，而這些都是什麼因緣呢？」

釋尊這樣回答：

「末利夫人啊！有些女人心存瞋恚，或者說出口，或者不說出口，愛將瞋恚顯現於外，喜歡折磨人。而有些女人不論看見沙門、婆羅門、窮人、孤兒或老人，都一概不肯布施。又有些女人看見別人獲利，就會心生嫉妒，凡是心懷瞋恚的女人，臉孔都很醜，不肯布施的女人，得不到財富，心生嫉妒的女人，會遭人卑視。因此，凡是抱持瞋恚、不肯布施、心懷嫉妒的女人既醜又窮，缺乏財富，也會被人輕視。

雖然，有些女人心存瞋恚，經常嫉妒，但是，她若有布施的話，即使長相醜陋，遭人輕視，都有龐大的財富。有些女人心懷瞋恚，很肯布施，也不嫉妒，長相雖醜，卻有財富，也受人尊敬；又有些女人心裡不存瞋恚、不生嫉妒，也肯布施，那麼，她會長得漂亮又有財富，受人尊敬。末利夫人，基於這些因緣，即使出生做女人，也有各種不同的變化。有人長相醜惡，也沒有錢財，更受人賤視；有人長相雖醜，受人賤視，但有萬貫財富；有人長相雖然醜，但有龐大的錢財，也受人尊敬；有人長得漂亮，財產又多，更受人尊敬。」

末利夫人聽了，便問釋尊：

「世尊啊！我過去一定心懷瞋恚，愛折磨人，因為我的長相和身材都極醜，不討人歡喜，而且過去一定常會布施僧眾、婆羅門、窮人、老人和孤獨者，因為我今天的財富無缺，我過去看到別人的利益，也一定不生嫉妒，因為我今天住在國王的後宮裡，升為第一夫人，這是女性最尊貴的地位，從此以後，我的心裡決不能存有瞋恚，也不起嫉妒，要熱愛布施，今後我要做佛教徒，終身皈依三寶，修持五戒。」

釋尊用各種方便，給第一夫人講佛道。

這一來，夫人才能法眼清淨，受持正法，待她聽完了法，便向釋尊作禮後回宮去了。之後，夫人再三勸請國王信佛，結果才使國王成了佛教徒，也是釋尊最虔誠的護法。

【佛理今釋】——有果必要因，而佛教講三世因果，倘若自己今天變成這個樣子，或有這種結果，應該盡量從今生今世找尋原因，倘若知道缺陷，那就是原因，就得設法糾正，努力向善，才能改生善果，得到善報；若在今生今世找不出原因，就是前世的原因了，雖然往事已矣，前輩子的原因無法改變，幸好佛法是圓融的，也是靈活的，一點兒也不僵硬，只要承受果報之餘，不斷再種善因，便能逐漸享受善果。總之，牢牢記住有因有緣必有果報，故要不斷種善因，才能不斷得到善報。

但願天下女人都從此領悟漂亮、財富，和受人尊敬的原因，雖然一開始受到前世因果的影響，一脫娘胎便有不同的境遇，但在有生之年可以不斷改變自己，變好變壞都可由自己決定……。

16 問心無愧何懼之有？

（摩訶僧祇律第十三）

舍衛國有一名富裕的妓女，有一次，被一個賊頭目用陰謀騙去參加宴會，她發覺情況不對，心想：

「我只有妙計來誆騙他了。」

於是，她佯裝熱情的樣子，故意跟賊子互相乾杯，並用妖艷媚態，將他灌得酩酊大醉，於是，她趁機脫身了。不料，城門已經關閉，她無奈之下，只好前往祇園精舍去。精舍門外有一間小房舍，一位長者名叫迦蘆，正在繩床上面打坐，她看了片刻，便鑽進繩床下，縮緊身軀，而迦蘆正在禪定中，一點兒也沒有察覺。

再說賊子半夜醒來，不見妓女的芳蹤，吃驚地問部下：「你們看見那女人嗎？」

大家都說沒有看見，接著一起在附近找尋，結果不見美人的芳蹤。

「這樣找法沒有結果，何妨尋著腳印去找！」

他們發現腳跡後，一步一步跟著去，終於來到城門了。之後，再循著腳跡來到精舍門前，不料，腳跡就看不見了。這時，他們目睹一位老沙門在打坐，覺得好生奇怪。一會兒，城裡傳來鼓聲，告示天亮了。

「天快亮了，那個女人跟這裡不可能有瓜葛，不會藏身在此，我們回到森林去吧！」賊頭目率領一群嘍囉匆匆走了。

不久，天已經大亮，晨曦冉冉上昇。左右城門開放，城內百姓、象車、馬車紛紛進出城了。精舍大門也打開，許多信徒陸陸續續出城來精舍拜佛，這時，藏身在繩床下的妓女也現身了。目睹者無不訝異，私下談論：

「你們看看，他竟把女人帶進道場玩樂，現在才要回去，外表看來是一位清淨的修行人，其實是破戒又無道的行者。」

結果，迦盧的醜名很快傳揚出去，僧眾將此事稟告釋尊了。釋尊問：

「諸位，關於迦盧的事情，到底真假如何？你們不妨在無人、許多人或許多僧眾之間，各問三回看看。」

首先在無人之處問他，迦盧回答：「我根本不知道。」

這樣又在許多人面前，和僧眾之間反覆問他，但是，迦盧依然答說「不知道」。於是，僧眾也將此結果稟告釋尊。釋尊才做證表示：

「諸位！迦盧的確是清淨無過，大家不必疑心。」

【佛理今釋】——現實很險惡，很吊詭，為了活下去，不得不採用非常方法突破困境，這是無可厚非，也是打破執著的善巧方便，否則，這名妓女那能倖免於難，逃得出賊窩呢？就是最好的例證。

只要問心無愧，就不怕別人閒話，日久見人心，總有真相大白的機會。例如，遭人誣告或被人閒話，只要堅持立場，貫徹始終，總會撥雲見月，還我清白，而千萬不可看不開、憂悶度日子，這是心被境轉的例子，應該學迦盧這位老修行的風範，沒有就是沒有，怕什麼呢？

17 執著不化是愚痴

（摩訶僧祗律第十七）

某年，釋尊回到故鄉迦毘羅衛國，徒眾特地給釋尊建造一座廁所。其實，釋尊倒不必用特別廁所，既然是他們的好意，釋尊不便拒人於千里之外，便默然接受了。

一天晚上，釋尊出家前的兒子，羅睺羅正在露天打坐，忽然刮風下雨，他匆匆收起坐具跑來舍利弗的房舍前敲門。

「是誰呀？」

「我是羅睺羅，請允許我進去掛單好嗎？」

「你不能睡在這兒，到別處去吧！」

結果，他又跑到目犍連房間去敲門。

「是誰呀？」

「我是羅睺羅，請允許我進去掛單好嗎？」

「你不能睡在這兒，到別處去吧！」

結果，他敲了每個房間，任誰都不肯讓他進去掛單，原因是，釋尊以前制定戒律，即出家人也不可以跟未受具足戒的沙彌同宿一室。羅睺羅無奈之下，只好來到釋尊的廁所過夜了。這時，剛好有一條黑蛇也因為怕風雨，而潛入廁所裡來。這時，經常以慈悲的眼睛洞察世間的釋尊，目睹羅睺羅快被黑蛇傷害了，便趕來廁所問道：

「誰在裡面呀？」

「世尊，我是羅睺羅。」

「你怎麼會待在裡面呢？」

「因為外面風雨很大，我只好進來避風雨。」

釋尊伸出金色般的手來協助羅睺羅，並幫助他拂去衣服上的灰塵。之後帶他回自己的寮房，指著床鋪說：

「你就睡在這裡吧！」

釋尊讓羅睺羅睡在床上，而自己就在地上結跏趺坐到天亮。次日，釋尊召集僧眾宣布：

「諸位以後縱使遇到對方沒有受過具足戒，也可讓他同宿一室，但以三個晚上為限。」

【佛理今釋】——佛法不離世間法，釋尊制定戒律不脫離現實生活，在落實之餘，也不離情、理、法的兼顧考量，不會因為實行戒律，便完全不顧人情，例如羅睺羅不能跟受過具足戒的僧人同宿，只好到廁所，接受黑蛇的傷害，若非釋尊伸出援手，恐怕他有性命之虞，這一來還有什麼可修行呢？而釋尊對待羅睺羅也流露父子親情，何嘗不是天性？學佛要遵行戒律當然不在話下，否則不能有定力，但守戒也有破戒的片刻，不能執著僵硬，或教條主義，才是佛教的旨趣。

18 凡聖之分也在貪愛

（摩訶僧祇律第十八）

某年，釋尊住在王舍城外的芒果園內，有一天，阿闍世王接受臣子耆舊的建議，要去拜訪釋尊。耆舊立刻準備國王的行車，片刻後，國王率領五百位夫人，離開王舍城去芒果園。

時間是深夜，所有僧眾全都坐禪入定了。芒果園一片靜悄悄，一點兒聲響也沒有。國王害怕得回顧年輕人說：

「你不是說園裡有一千二百位僧眾嗎？為什麼會這樣靜悄悄呢？一點兒聲音也聽不見，你不是存心騙我嗎？」

「大王！我絕對沒騙你，請大王放心往前走。」

在耆舊長者的引導下，國王進入大門，片刻後，來到大堂前面，年輕人指著堂裡對國王說：

「大王！世尊正在裡面結跏趺坐。這種坐姿非常穩重平靜，就好像是萬獸的獅王，不為萬物所動，所聚集的一切功德，就像大海容納無量的水。」

國王再往前走幾步，在釋尊與僧眾周圍繞行三次，對年輕人說：

「耆舊啊！世尊和僧眾全都心地澄靜清澈到了悟境，但願我的兒子——伏陀夷跋陀也能進入這種悟境裡。」

此時，釋尊對國王說：

「大王啊！你所需求的全都會如願。」

國王向前朝佛腳頂禮，然後退在一邊坐下，才向釋尊央求：

「世尊啊，我心裡有許多疑問，請您開示好嗎？」

釋尊答說：

「大王！不必客氣，你儘管問好啦。」

果然，國王提出各種問題，釋尊逐一詳加解說了。一群夫人聽了佛法，不自禁解下身上的瓔珞，放在自己座前。待說法完畢，也快要天亮了。隱約地聽到城裡傳來敲鼓和象嘶馬叫的聲音。因為阿闍世王昔日殺死父王，深受罪業的譴責，而今乍聞意外聲響，便立劇驚慌起來，不斷催促諸位夫人：

「我們快回城去。」

果然，國王慌慌張張離開芒果園回到城裡。誰知當時國王催得很急，致使諸位夫人忘了戴上瓔珞。一旦回到宮裡，第一夫人才找不到瓔珞，回顧侍女：

「因為太匆忙離開芒果園，才忘記將瓔珞帶回來。」

其實，不僅第一夫人這樣，連其他五百位夫人也都紛紛談論：

「我們走得實在匆促，才忘了瓔珞。一旦被大王知道，肯定會被他臭罵一頓。」

不料，一名女僕卻將此事稟告國王了。

「大王！諸位夫人都把瓔珞放在芒果園裡忘記帶回。」

此時，國王身邊有一名婆羅門，一聽便對國王說：

「如果放在那裡，肯定會被那群僧人隱藏起來，即使派人去拿，恐怕他們也不肯交出來。」

國王派一名誠實的大臣回到芒果園去，大臣進去一看，釋尊正跟僧眾們莊重坐地在大堂內，而夫人的瓔珞全都留在原處。他收拾後才帶回宮去，國王知曉後非常歡喜，說道：

「佛陀和佛弟子才是真正聖者，沒有一點兒貪念，他們值得崇敬，我希望他們一直留在這裡，受我供養到入滅。」

接著，國王又把夫人們叫來，說道：

「這些全是你們的瓔珞，各自拿回去吧！可是，不許拿到別人的東西。」

僧眾知曉此事，便去稟告釋尊。釋尊告誡僧眾說：

「諸位，即使你們只坐在寶物旁邊，也照樣被人中傷，倘若真的拿走，後果更不堪設想，所以，以後絕對不能接觸寶石類的東西。」

果然，之後不論那裡有寶物，任誰也不會去注意了。

【佛理今釋】——所謂「一念貪心，會燒毀功德林」，在諸多煩惱裡，幾乎都以貪念為首，可見貪念害人不淺。出家修行照樣要戒貪，不說寶石類不貪不取，名望地位也不能貪戀。世人不要以凡夫之心度聖者之腹，不是自身貪婪心重，就以為別人也不例外，或以為天下烏鴉一般黑，那就不對啦！聖人雖然罕見，事實上卻存在著，一竹竿打遍全船人不可行，戒之、戒之、戒之。

雖然沒有拿寶物，也照樣被人誤會，還是那句老話，清者自清，濁者自濁，總有機會還我清白，切勿因此沮喪得飯也不能吃，或氣得去上吊，那就成為愚痴了。

19 長幼有序、和睦相待

（摩訶僧祇律第二十七）

釋尊正在拘薩國雲遊的一天晚上，召集僧眾說法，時間從午後八點起，持續到深夜。不久，說法結束，僧眾紛紛找尋寮房掛單了。稍晚離開的舍利弗與目犍連，一直找不到地方掛單。

結果，釋尊的兩位高足，一位坐在人家的屋簷下，一位坐在路邊的樹下過一夜。半晌，下起雨來，坐在屋簷下的聖者朗聲唱偈：

「跏趺坐在屋簷下，雨漏兩隻膝蓋頭，我已得得安樂住，希望不要有來生。」

接著，坐在樹下的聖者也朗聲唱偈：

「走到路邊樹下停，行乞坐在草地上。不貪不求衣與食，希望不要有來生。」

片刻後天亮了，有一位信徒為了要禮拜釋尊，匆匆趕路；結果發現釋尊的兩位高足結跏趺坐在路邊，全身濕透，他嚇了一大跳，說道：

「難道佛弟子沒有尊敬長者的禮法嗎？這樣偉大的聖者，沒有規定給他們住宿嗎？」

釋尊聽了召集僧眾，即刻制訂一套對待長老的禮法。

【佛理今釋】——德高望重者應該得到肯定和尊敬，他們是社會的中流柢柱，生活行為的風範，只有認同他們的地位，禮遇他們的生活，才能穩定正確的價值觀——正知、正見，否則，空喊口號就沒法讓人相信了。

即使聖者或有德行的人得不到禮遇，也不怨不憂，自得其樂，正是凡聖的分水嶺，凡夫做不到，難道不該禮敬嗎？還有他們也對社會做了一番貢獻，年輕人尤其要飲水思源，享受現有的成就，可不是白吃的午餐，而是有無數前人的心血在內，應該懷有高度的感恩心才對。

20 專心向道，不多攀緣

（雜阿含經第二十一）

那年，釋尊在菴蘿聚落外的菴蘿林中說法。

有一天，質多羅長老來到芒果園，對上座比丘說：

「我想供養你們，請你們都到我的牧場來呀！」

上座比丘欣然答應了，次日，他們浩浩蕩蕩來到牧場，接受長者誠懇的供養，之後，上座比丘們紛紛給長者說法了。

適值初夏的黃昏，天氣炎熱，上座比丘們不久向長者告辭回家，因為吃得豐盛的供養，一路上走得很辛苦，當時一名下座比丘叫做摩訶迦，看見大家這樣狼狽狀，便向上座的長者建議：

「天氣太熱，我想來一陣雨，清涼一番如何？」

上座的長者說：

「如果你有這種本事，就下一陣雨吧！」

果然，摩訶迦進入禪定裡求雨了。剎那間烏雲密佈，真的下了一場毛毛細雨，一掃剛才那陣暑氣。幸賴摩訶迦的功勞，這一行人才好不容易回到芒果園來。他們一回到精舍大門，摩訶迦便問上座長老：

「可以停雨了嗎？」

僧眾回答：

「可以了。」

摩訶迦才收回神通，回到自己的房裡，質多羅長者看了不勝感慨，忍不住心裡尋思：

「連下座的比丘，尚且有這樣神通，那麼，上座的長者就更不用說了。」

他一想到此，立刻恭敬地向上座的僧眾再三作禮，來到摩訶迦的地方央求說：

「讓我再見識一次聖者的神通好嗎？」

摩訶迦雖然連續拒絕三次，無奈，質多羅長者苦苦哀求，最後也只好說道：

「好吧！你到室外堆積些乾草和木頭，上面再鋪一塊毛氈。」

長者依他的吩咐，準備就緒了，只見摩訶迦關上房門，立刻進入火光三昧裡，半响，又見一道火焰從門縫噴射出來，觸及堆積的乾柴，頃間全部燒毀了。說也奇怪，只有柴薪上面的毛氈仍在原處，沒有被燒毀。摩訶迦從禪定裡出來，對長者說：

「你看到我的神通了吧！」

長者喜不自勝地說：

「我見識過了，非常佩服。」

摩訶迦又對長者說：

「我所以能有這種境界，起因於不放逸，再三修行『不放逸』，才得到開悟，之後，才能得到剛才那種禪定。」

長者聽了歡喜不已，立刻央求：

「我有生之年會一直供養你的衣服、飲食和湯藥，請你不要拒絕。」

不料，摩訶迦反而拒絕了。因為他想到這些供養以後，會妨礙自己的求道心，才寧可不接受。

果然等長者回去後，他也馬上離開這裡，不知去向了。

【佛理今釋】——供養高僧大德要誠心誠意，不要有所貪求，或有所期待；同理，接受供養也要適可而止，考量情狀，該收才能收，不該收便要拒絕，而不要陷入名聞利養的心態中。原因是，出家修行的目的，是要開智慧、破煩惱，之後，還要救度眾生，責任重大，豈可本末倒置。

神通不能濫用，或當作名聞利養的方便，更不能在俗人面前顯現，或故弄玄虛，一定要相當節制。若有人以神通吸引信徒，那麼，對方肯定不是正信佛教徒，不信也罷。

21 忠言逆耳必得惡報

（雜阿含經第二十五）

古印度的摩竭陀國有孔雀王朝第三世——阿育王。他振興佛教，建有八萬四千座佛塔，也供養僧團，為佛教做了許多事業。

不料，他的後代子孫裡，有一個沸沙蜜多羅王卻聽從一名邪道大臣的意見：「大王啊！你若想留名後世，有善惡兩方面。阿育王發揚佛教，流芳千古，大王何不來個相反的做法，竭力破壞佛教，也可以留名後世。」

國王果然接受他的意見，想以破壞佛教來流名千古。於是，他立刻率領士兵，先去雞雀寺。當國王的兵馬到了寺門，左右兩旁沒有感情的石獅，突然朝著國王發出悽厲的怒吼，國王一聽，驚慌地逃回宮去。這種情況一連出現三次，可是，國王仍然無意打消企圖摧毀佛教，這時，國王先召集一群僧人問話：

「你們想先破壞佛塔好呢？還是先去摧毀僧房好呢？」

「兩者都不應該破壞，如果堅持要破壞，只破壞僧房好了，希望佛塔留下來。」

不料，國王不但不接受僧眾的哀求，反而把他們殺了，同時徹底毀掉僧房與佛塔了。接著，國王又率兵去消除當年阿育王建造的佛塔和僧房。當大軍到婆伽羅國時，國王馬上命令：

「只要提著僧頭來見我，我便賞金千兩。」

當時，該國有一位阿羅漢，聽到國王的勅告，便立刻大展神通，造出無數個僧頭，賜予百姓，送去國王的軍營。這一來，國王要支付巨大的獎金，幾乎掏空了國庫。不久，國王發覺此事出自一位阿羅漢的神通變化，更加怒不可遏，立刻下令通緝他。誰知阿羅漢被捕，國王下令砍頭，然而，他是一位斷盡煩惱的阿羅漢，刀槍不入、水火不燒，在這種情況下，國王也死了心，只好把他丟在一邊，繼續率軍前進了。

不久，大軍又到達一座佛塔前，準備放火燒毀它。誰知塔裡有一個鬼神叫做牙齒，負責守護那座佛塔。他看見官兵擁向前來，便心中暗忖：

「我是佛門弟子，一直在持戒，縱使佛塔被摧毀，我也不能要他們的命，怎麼辦呢？」

左思右想之後，忽然心生一計：

「對了，蟲是兇猛的惡神，而牠一直想要我的女兒，現在不如把女兒嫁給牠，再請牠來護持佛塔好了。」

牙齒神馬上把蟲叫來說話：「我現在把女兒送給你，但要交換一項條件。你得去消滅沸沙蜜多羅王，並得好好護持佛教。」

不料，牠聽了很為難，說道：

「我能得到你的女兒，當然很高興，但要我去殺國王卻不容易，因為他身邊有一名烏茶大鬼神在保護，只要有他在場，就很難下手。」

「那麼，我先把烏茶神騙走，你再下手算了。」

果然，牙齒神去拜訪烏茶神，雙方談得很投機，很快成了朋友，牙齒神便引誘烏茶神到南方大海去遊玩。其間，蟲便用力搖撼一座大山，往國王身上壓下來。不消說，國王和所有官兵全都被壓死在山下。許多人看了，都拍手叫好，殘暴的沸沙蜜多羅王終於死在一名鬼神手上了。

不過，英明的阿育王創立的孔雀王朝，也斷送在不肖的後代子孫手上，非常可惜。

【佛理今釋】——許多人忠言逆耳，一句好話也聽不進去，反而對邪知邪見，如醉如狂。當然，最後是自食惡果，難逃業報了。如果不信佛法，表示善根不足，福報和因緣也欠缺，但絕對不能破壞佛教或佛塔，那種罪業非同小可。凡是正信佛教徒都有責任破邪顯正，阻止狂妄份子破壞正法，倘若正面方法阻止無效，不妨活用善巧方便，來個曲折方式達到護法目的。

佛教再好，也難逃世間的因因緣緣，興衰起伏，不能永遠昌旺。萬事無常，千真萬確，世人要多加領悟。

22　神通抵不過業力

（增一阿含經第十八、十九）

有一天，目犍連穿上法衣，托缽要出城去修行，不料，一群反對佛教的外道們，遠遠看見目連的身影，紛紛私下表示：

「前面走來的人，正是佛門弟子裡的目連，神通第一名，我們層層圍住他，把他收拾掉算了。」

只見各人拿著拐杖、棒子、石頭和磚瓦等，潛伏在路邊，等著目連走來。一會兒，目連走前來，他們一句話也不說，拳打腳踢，亂棒齊下，把目連打得半死，之後一哄而散了。目連遭到暴徒的突襲，不僅全身疼痛，傷跡斑斑，也失去力氣，雖然想跑回精舍，無奈寸步難行。這時候，他只好靠神通回到精舍去。

回去一看，舍利弗正在對大眾說法，目連有氣無力地說：

「舍利弗，我剛才在城裡遇到一群暴徒，被痛打一頓，痛楚不堪，我是運用神通才能回來的。」

「你號稱神通第一，應該可以避開的，怎麼這樣狼狽呢？」

「你說得對，不過，這是前世造的重業果報，不能逃避。」

「修道者得了神通，又能解許多法義，而你為什麼不想在世間多活幾年呢？」

「如你所說，世尊也經常教示我們，若得有四種神通的人，在這方面可以通行無阻，只要釋尊能長期活在世上，我也會留下來。無奈，釋尊不久要入滅，我不忍心見到他老人家入滅，才想趁這時候先入滅算了。」

「且慢，聽你這麼說，我也想先入滅了。」

「……」

目連默默不語，舍利弗跑來見釋尊說：

「世尊，我想要入滅了，請您允許我好嗎？」

「……」

雖然舍利弗一再央求，釋尊一句話也沒說，半晌，才聽釋尊問他：

「你為什麼連一劫都不想活下去呢？」

「只要世尊能連續一劫的聖壽，我也會持續一劫的壽命，我之所以要求入滅，乃是不忍心目睹世尊入滅的情況。自古以來，諸佛的高足也都比師尊先入滅，請您允許我先滅度好嗎？」

「既然這樣，現在正是你該入涅槃的時刻了。」

舍利弗得到釋尊的允許，便走到佛前，攝定思慮，進入禪定，之後又出定告訴大家：

「諸位，這個禪定名叫獅子奮迅三昧（冥想）。」

他朝釋尊的腳作拜完畢，再回顧大眾說：

「諸位有什麼希望嗎？」

大眾回答：

「我們都希望供養聖者的舍利。」

「不敢當，諸位的好意我心領，大家欣逢佛陀的出世，真是難得境遇，今後要進一步深思，善守戒行，早日脫離現世的苦惱，我身邊有一名年輕小沙彌供養我的舍利，這樣於願足矣。」

大家聽了舍利弗的教誡，全都感動下淚。

「諸位，你們看見我的滅度不要悲傷，連須彌山王也有無常的變化，何況，身體如芥末，更難逃無常，佛有金剛的身體，也有涅槃的時候。因此，我的身體有滅度的變化，也沒有什麼了不起，大家不要憂愁，趁機努力修行，早日解脫苦惱，便是我最後贈言了。」

舍利弗向一群師兄弟說些鼓勵，便回到精舍，收拾衣缽，離開竹林精舍，回到祖國去入滅了……。

【佛理今釋】——神通抵不過業力，所以，學佛修神通絕對不是最後目標，而是要有智慧，來斷煩惱，求解脫，好像神通第一的目連便是例證，不用神通來保護自己，而寧可接受前世業報。

舍利弗是智慧第一的佛門弟子，毫不留戀世間生活，說走便走，何等灑脫，何等乾脆，又是多麼有智慧！

23 恩將仇報非君子

（賢愚經第三）

有一次，釋尊患感冒了，當時，一位名醫叫耆婆，先給釋尊診斷，再用三十二種藥引調配後交給釋尊，並吩咐每天服下三十二顆，佛門弟子之一——提婆達多平時嫉妒釋尊的聲望，一直妄自尊大，想跟釋尊相提並論。所以，當他聽見此事，也想服用釋尊的藥。當天，他也把耆婆叫到房間，央求他：

「你能幫我也調配一份跟瞿曇同樣的藥嗎？」

耆婆經不起他的央求，便把藥調好遞給他說：

「你只能每天服四顆。」

「那麼，瞿曇每天服下幾顆呢？」

「世尊每天服用三十二顆。」

「那麼，我也要服用三十二顆。」

「那怎麼成？世尊的身體跟你的身體不同，倘若你也服用那麼多藥，對你的身體百害無益。」

「豈有此理？瞿曇的身體不可能跟我不同，我的體力也能完全消化這些藥物。」

提婆達多說完後，不理會醫生的吩咐，模倣釋尊服下三十二顆藥，不料，服下之後，藥物流入各個血管，反而使身體衰弱，全身痛楚，忍不住叫喊不停，在地上打滾了。慈悲的釋尊看到他這個樣子，也覺得可憐，便遠遠地伸手撫摸提婆達多，才使他體內的藥力消失，手腳疼痛才得以解除。

提婆達多知道釋尊伸出慈悲的手，才讓自己脫離苦楚，無奈，他忘了這個恩情，反而到處惡意宣傳：

「那裡的話！瞿曇也會醫術，笑死人。」

阿難聽到提婆達多的到處惡言中傷釋尊，怒不可遏地跑來問釋尊：

「世尊，幸賴你的慈悲才讓他脫離苦楚，誰知他恩將仇報，到處惡言惡語，不知他為何對世尊懷有憎恨與執拗？」

「他不僅現世這樣嫉妒我，百般加害我，早從過去世起就常常想害我了，他一直沒有過善心。」

釋尊詳述提婆達多過去的惡業，讓眾弟子們聽。

【佛理今釋】——不同的病體要服用不同份量的藥物，是起碼的醫學常識，身體沒病不需要服藥，一旦服下重感冒的藥，肯定會有不良效果，這是執著與愚痴的作風，非常要不得，同理，世間每件事的發生都有它不同的因緣和結果，故不能等價齊觀，採用相同方法對治，切記！切記！

施恩予人不要放在心上，但受人的恩情不能忘記，更不能恩將仇報，這樣連禽獸也不如了。

24 惜福惜緣好榜樣

（賢愚經第十三）

佛門弟子舍利弗常用天眼，不分晝夜在觀照世間，找機會來教化眾生。一天，一大群商人各自牽一條狗到國外，不料，他們在途中忽然暴疾死去。那時，有一隻狗趁人不注意時，暗地裡去偷吃死去商人的屍肉。有一次，牠正在偷吃人肉時，終於被人發現了，結果被人捉去毒打一頓後丟在荒郊野外。

正在用天眼觀察世間的舍利弗，看見這隻狗躺在地上，受盡飢餓之苦，命在旦夕，不禁慈悲心起，趕快披上法衣，進城去托鉢乞化。不久，他拿著乞化來的食物，餵給那條瀕死的狗吃了。重傷的狗得到食物，好不容易恢復力氣，愉快地搖搖尾巴，在舍利弗周邊奔走著。這時，舍利弗也說些微妙的法門給牠聽，才回去精舍。之後，這隻狗活了一段日子死去，而死後也投胎到舍衛國一個婆羅門家裡。

有一次，舍利弗獨自來到城裡行乞，一個婆羅門看見他，忍不住問他說：

「聖者好像只有一個人，難道身邊沒有小沙彌嗎？」

「我的確沒有小沙彌弟子，聽你的口氣，你好像有兒子，不知能不能給我當徒弟呢？」

「我的兒子名叫均提，可惜，他還是個娃娃，幫不上你的忙。你既然有這個願望，五、六年後，我會送給你做弟子。」

「好，我們一言為定。」

彼此有了契約，舍利弗努力修行之餘，也期待孩子早日成長。

光陰似箭，歲月如梭，七年很快過去，婆羅門家的孩子年滿七歲，舍利弗果然再度上門來了。

「希望你能實踐諾言。」

婆羅門果然實踐諾言，讓兒子跟舍利弗出家去。舍利弗偕同這個孩子前往祇園精舍，讓他做個小沙彌，並說法給他聽，認真教導他。幸好均提稟賦頗佳，對於師父說的法門都能理解，後來也證得了羅漢果，同時通曉六神通，並兼備各種功德。

有一次，均提觀察自己的過去，始知自己前身是一隻餓狗，幸得舍利弗聖者的慈悲，才能投生到婆羅門裡，今生又蒙舍利弗聖者的恩顧，才能出家得悟。待他明白前因後果之後，非常感激，便暗中下了決定：

「我蒙獲聖者的恩顧，才能脫離各種苦惱。因此，我決心要以一個小沙彌的身份，長期服侍恩師，才能回報師恩。」果然，均提一直侍候恩師舍利弗，而不曾受大戒，始終以小沙彌的身份忠心耿耿地侍候。

【佛理今釋】——世人投胎到誰的家庭，成了誰的子女，都有前世因緣，所以，感恩心是三世連貫，今世相逢相扶持都有因緣果報的法則存在，學佛要領悟這一點，而後善加珍惜，彼此再造善因善果，才是好事一樁。

（法句譬喻經第一）

25 惡果難逃

有一位給孤獨長者買下祇陀太子的林園，兩人共同在園裡建造一座精舍來供養釋尊，和一群僧眾。當時，釋尊也給他們說法，祇陀太子聽了心中歡善，回到東宮一直讚嘆佛的功德。連波斯匿王也率領群臣和後宮的佳麗，排成莊嚴隊伍來到釋尊的住處。

平時，琉璃王子始終在父王身邊，而今天父王去拜訪佛陀，王座上面沒有人。這時，一個家臣叫做阿薩陀，便趁機煽動王子說：

「啊！國王的寶座空著哩！大王的玉璽也放在那兒，你何不攀登寶座去當個國王，我想一定很適合。」

琉璃王子聽了他的唆使，果然登上寶座。這時，那群喜歡拍馬屁的家臣，都紛紛前來，同聲勸誘他：

「你實在太適合當國王了。若由你統治國政，正是所有百姓的希望。祇陀太子不宜坐上這個位置，請你即刻繼任王位好了。」

果然王子登上王位後，便率領家臣，全副武裝，佩刀戴劍，直奔祇園精舍，跟父王身邊的侍衛們大戰。結果，殺死了五百人，害得國王不能回宮，只好偕同夫人，往舍夷國去了。可憐，他們在路上難挨飢餓，只好吃蘆葦根，以致腹痛死了。

琉璃王子，終於趕走父王，之後進東宮想殺害祇陀太子。誰知祇陀太子早已信受釋尊的教誨，明白無常的道理，面對毒刀也不怕，而泰然自若去承受弟弟的刀害。

琉璃王子殺死父王和太子，奪取了王位。接著，率軍去攻打舍夷國，殺害釋迦族一群德高望重的人，厲行暴政，胡作非為。釋尊知道琉璃王不忠不孝，罪業深重，便預言他七天後，會遭地獄之火燒死。琉璃王聽了非常恐懼，慌忙乘船停在大江上，安心地說：

「我停在水上，便不會有火了。」豈知第七天一到，水中突然起火，讓他在船上活活被燒死了。

【佛理今釋】——平時少親近惡知識，免得不知不覺中被邪見熏染，而造下滔天罪業。既然造了惡因，便難逃惡果，那怕逃到海角天涯，也照樣不能倖免。

（法句譬喻經第四）

26 無常力量最大

一位婆羅門長者有萬貫家財，膝下只有一個兒子，年滿二十歲，便娶了媳婦。新婚第七天，這對新婚夫婦相敬如賓、水乳交融，好像一對鴛鴦。適值春光明媚、鳥語花香，一天，這對新婚夫妻偕同去後園散步賞花。

在花園裡，高大的樹梢上長滿美麗的花。𣗋樹是春天的象徵，新婚妻子暗自沈思：

「我想要那些鮮花，不知誰能摘下來給我呢？」

丈夫明白妻子的心意，立刻攀到大樹上去。他終於摘下一朵花，再往上瞧，細枝上尚有許多美麗的花朵，他忍不住又往上爬，一直爬到細枝的位置。雖然他好不容易又摘到一朵花，不料，體重壓斷了樹枝，致使他突然墜落下來，當場斃命了。

這一來，妻子的驚叫，讓全家人慌忙跑出來，大家一陣騷亂，悲傷不已。

當然，父母親痛心欲死，連其他親戚朋友都走前來，傷心哭泣，旁人聽了經過，也都同情死者的父母，雖然，葬禮在淚水中結束了，無奈，哭泣聲一直沒停下來。

這位長老的住宅，位在祇園精舍附近。釋尊很同情長老一家人的悲傷，便親自去弔慰。長者一家人目睹釋尊親自走前來憑弔，都含淚向他敬禮，並詳述內心的哀慟。

釋尊對長老說：

「長老啊！你先不必哀聲嘆氣，好好聽我說，世間的萬物無常，沒有一件東西會永遠存在，有生必有死，乃是永遠的實況。至於何時會相繼失散，只有靠罪福的因果來決定了。

生命彷彿花果的成熟，常常擔心零落：
只要出生就要受苦，而且誰都會死亡。
最先始自一片愛念，寄寓在胎內；
生命猶如一道閃電，晝夜流轉不息。
此身為死物，心是無形之法，
或死或復生，罪福一直在相隨。
因果不是一世的事，它來自於痴愛不斷地承受苦樂，身軀雖然死了，精神都持續著。」

長者聽完世尊的說法和詩偈，才頓然覺悟，而且忘了憂愁……。

【佛理今釋】——所謂「黃泉路上無老幼」，意指人的死亡不按秩序，也不照排列，白髮人送黑髮人的實例，古今皆然，中外都有，而家屬惟有徹底領悟「人生無常」的道理，才有智慧去面對和接受，否則一定痛不欲生，很難跳出傷慟的陰霾。

27 既非善策，不值仿傚

（法句譬喻經第四）

有一對老夫婦家財萬貫，留下一個年僅十三歲的獨子，便與世長辭。留下的孩子還不懂得謀生之道，糊裡糊塗把家產花光，最後不得不當乞丐了。

他父親生前的一位好友也是富翁，財富多得數不盡。有一天，他聽老友的兒子窮途沒落，淪做乞丐，很同情他的遭遇，看在老友生前的份上，陪他回家來，把女兒嫁給他，並分些財產給他，同時送他男僕女僕、車輛馬匹，甚至也贈送他一棟漂亮寬大的房子。不料，這個年輕人生性懶惰，無法照顧自己的生活，很快坐吃山空，處境一天不如一天了。長老看見後，覺得女兒可憐，不忍心不理她，只好再給他部份財產，誰知不久又給他花光，生活陷入絕境，三餐開始不繼了。

不管長老怎樣盡心照顧，無奈，他始終不起來。長老只好決心接回女兒，這是他跟親屬商量後才做的決定。女兒明白父親的意思，便吃驚地回去告訴丈夫了。

他聽到妻子的話後，膽戰心驚，哀嘆自己不爭氣之餘，突然心生邪念：

「如果妻子離開我，我又會去當乞丐了。結果，不但失去夫妻的恩愛，生活也過不下去，與其面對悲傷的離別，不如先殺掉妻子，然後自殺算了。」

果然看他走進房間，舉刀殺死了妻子，一返手也用刀收拾了自己，不消說，雙雙斃命，慘絕人寰。

【佛理今釋】——「困境是良師」絕對不是言過其實，出生富貴家庭，一開始便盡情享受，看似令人羨慕，殊不知卻失去「挫折教育」的機會，得不到生活智慧。因為世事無常，誰能保證人可以一輩子風光得意，一旦碰到打擊或意外，便馬上驚慌失措，不懂得應付，結果，一定很悲慘，與其這樣，還不如年輕時多接受磨練，和挫折訓練……。

碰到事業的困難，要設法去突破，豈可不面對現實，企圖自殺逃避，真是愚蠢之至，何況自己死了還不夠，又要害死別人，罪業深重，死後也難逃果報。

父母親教育子女也要懂方法，不能先給錢便了事，應該多指點迷津，灌輸正知正見才對。

28 昧於果報，非同小可

（福蓋正行所集經第六）

王舍城有一個年輕人，因緣際會聽一次佛法，便起清淨心，想去出家，就回來央求母親，但他母親不肯，只好努力工作養家，把賺來的錢都交給母親保管了。不料，母親拿到錢後，不肯施惠任何事情，只知努力存錢……。

有一天，一位比丘上門來行乞，母親指著他叫罵：

「啊！鬼來啦！」

兒子一聽，心裡不高興：

「媽為什麼吝嗇飲食，不肯施捨給他呢？」

兒子不時勸說母親不要吝嗇，無奈，母親只會隱瞞實情，騙說給了對方啦。

不久，母親死了，兒子才大行布施，也出家去學佛，努力精進，後來也證得阿羅漢果了。

突然一個鬼出現了，全身赤裸裸，又黑又醜，披頭散髮，腹大頭小，手腳關節都迸出烈火，大聲哀號。他很憐憫對方，便問你是誰呀？

「我是你的母親。」鬼很痛苦地回答。

鬼一面喘氣，一面繼續說話：

「我死後至今二十五年了，淪入餓鬼道，嚐盡飢渴之苦。不但聽不到食物與水的名稱，甚至一看見大河，以為有水可喝，跑去一看，河水馬上乾涸了。遠遠看到果樹，肚子餓了，以為有水果可吃，匆匆跑前一看，樹上什麼也沒有。在這種情況下，沒有瞬息快樂，天天受苦，聖者呵！求你救救我吧！請你給我一些水喝。」

聖者一聽，悲從中來，竭力勸他說：

「這是因為你前生不修福業，才會淪入惡道，你必須誠懇，悔改以前的罪過。」

餓鬼說：

「我因為吝嗇才讓心給蒙蔽，也未曾布施過什麼，從前各種財物都埋在房子的地下，你趕快回去挖出來，舉行大施會，供養僧眾與婆羅門的飲食。同時，施些財物給窮人，也供養各種東西給諸佛和各位聖賢，以我的名字來表示懺悔。這樣，我才能迅速脫離眼前的苦難。」

「我會遵照你的囑咐去做，但是，你也要快些悔改錯誤，罪業才會即刻消失。」

「因為我前世不知慚愧，現在才會赤身裸體，眼前苦不堪言。」

「縱使你造了惡業，如果不肯心平氣和去懺悔，罪業和結果會一直隨身，倘若中途發心悔過，那麼，你的罪業才不會再增長。而今你既然發了心，罪業會止於此世。」

聖者教誨母親一陣，之後請來一群親友，回到昔日的舊厝，挖出一批財物，按照母親的願望舉行大施會，做些上等食餚來供養三寶、婆羅門、釋尊和乞丐等，好讓大家心滿意足。

這時，聖者的母親站在角落，目睹盛大的集會，而羞愧自己的形態，流淚哭泣，大聲叫道：

「啊！請世尊大發慈悲，可憐我吧！」

聖者五體投地，高聲報出母親的名字，央求釋尊：

「世尊呵！但願我們藉著這項善業，讓他快些解脫出來。」

果然，釋尊運用方便力，威力加持，開始說法了。在場有千百位眾生聽了佛法，恍然大悟，餓鬼也得以脫離苦海，結束餓鬼道的生命了……。

【佛理今釋】——「施」比「受」更有福，若昧於布施功德，只會讓自己受損更大，千萬不要這樣，吝嗇的果報，苦不堪言。從今開始，並不嫌晚，一份布施，一份福田，以後有加倍收穫，例如下輩子會出生名門貴族，容貌安詳……。

29 放下屠刀會成佛

（付法藏因緣傳第六）

有一位長者家有兩個存錢的罐子，一個存有許多錢，而另一個存錢不多，一天，他因事要出遠門，便將存錢罐子委託親友保管。他說：

「我不在家時，如果我兒子要來取任何一個罐子，請你都交給他。」

他交待完了，便放心出門。

後來，長老的兒子果然來取罐子，不料，這位親友故意把錢少的罐子遞給他，但是，長老的兒子氣得不肯拿走。這一來，雙方到法庭去爭論了。法官聽完雙方的辯解，不知怎樣判決才好？

當時有一名孩童叫鳩摩羅馱，經常在路邊玩樂。他聽到此事，便不假思索地說：

「兒子是拿父親的錢，而不是喜歡跟對方爭論。再說，既然這些錢原本是他父親交待給兒子，那麼，無論兒子要回哪一個罐子，對方都應交還才好。」

法官聽了覺得有道理，敬佩之餘，便依照他說的方式判決了。從此，他的智慧傳出去，人人都稱他為「美名童子」。

鳩摩羅馱後來也出家了，不論學問、道德和才智都是出乎其類，拔乎其萃。一次，他到某國家去，那裡的居民生性頑強，聽了佛法，也不肯信受。這時，鳩摩羅馱便告訴他們：

「諸位，請你們聚集在一起，乘馬跑在我面前，那麼，我能一一指出他的名字，馬的顏色、衣服和相貌等，一個也不會錯。」

大家議論紛紛，都瞧不起這個年輕比丘，但也都威風凜凜地經過他面前，讓他去分辨。鳩摩羅馱只要看過一眼，就能不失誤地一一指出，致使大家打從心底敬佩他，終於都信受佛教了

鳩摩羅馱撰寫諸類經論，周遊各國去殷勤教化，所作完畢才進入涅槃。當他要入涅槃時，曾告訴一位比丘——闍夜多：

「人要渡海時，就得靠船隻或木筏。同理，若要脫離三界，就要修行善法，之後才能如願。所以，我想現在傳法給你，盼你再活用佛法去利益天下蒼生。」

「尊者的吩咐，弟子一定從命。」

之後，闍夜多果然到各地去教化了。

闍夜多精進再精進，勤勉苦行，嚴守戒律，斷了煩惱，成為釋尊預言中的最後一

位律師。

且說一個比丘因為看見嫂嫂經常送飯到寺廟來，心生邪念，慾火中燒，以至難以控制，終於有了不可告人的關係。他犯了此項重罪與禁戒以後，十分懊悔，終身感到羞愧。

「我真愚蠢，怎會造了這種惡業呢？我不配做佛門弟子了。」

他一想到此，便把衣缽放在杖上，到處遊行高聲唱道：

「我是個大罪人，不應穿佛教衣服。犯了重罪一定會下地獄。啊！我到哪裡才會得救呢？」

他悲觀極了。這時候，闍夜多看到他，忍不住起了同情心，便告訴他：

「只要你肯聽我說，你的罪業自然會消失。」

他聽了喜出望外：

「既然這樣，我一定會恭敬從命。」

只見闍夜多運用神通力造好一個大火坑，火勢熾烈，就吩咐那個比丘：

「如你真有慚愧感，想要消滅自己的罪業，便得投身到火坑裡。」

聽他這麼說，比丘閉起眼睛，縱身往大火坑一跳。說也奇怪，烈火驟然變成一股清流了。而且，這股清流只及膝蓋部份，不會傷害到身體。於是，闍夜多告訴他：「因為你本著誠意和善心悔過了。你的一切罪業從此消失。」

接著，他又說法給比丘聽，使他也證了羅漢果。由於這段因緣，世人才稱闍夜多為「清淨持律的闍夜多」。

【佛理今釋】——有些人天生才智高人一等，但也要磨練才能成器，倘若辜負自己的才智，不僅對不起父母和自己，也對不起社會大眾，損失之大，無法估計。故在有生之年，宜善用自己的身體與才能，才是正確的人生觀。

還有「放下屠刀，立地成佛」，意謂知錯能改，善莫大焉。堅強的懺悔心有無比的功德。所謂「人非聖賢，誰能無過」，旨在改過向善，認真懺悔，也能消除罪業，可見佛教是活的，也真正慈悲，但願世人不要錯失機會學習佛法……。

30 活用方便教法

（付法藏因緣傳第五）

且說佛陀蜜多聖者的德行與才智都很卓越，極會用善巧方便教化各個眾生。例如他能使人離棄外道與惡見，了解殊勝的佛道，或消滅邪教異學……。

某國有一個外道叫尼乾子，不僅能言善辯，聰明絕頂，且又精於算術，可惜，他不時侮辱佛法。

佛陀蜜多想要好好教化尼乾子。有一天，佛陀密多以陌生的面孔去拜他做師父，學習算術，結果很快學會了。

有一次，尼乾子依慣例大聲痛罵佛教，佛陀蜜多便決心教訓他說：

「請別這樣說。否則，這樣會使你將來墜入大地獄裡。」

「下什麼大地獄？那有這回事嘛！」

表面上，尼乾子很驚訝，而露出不屑的語氣，但心裡不斷尋思：

「你這種人也懂這個道理才怪呢？」於是，他便說：

「你的話靠不住，最好的證據是，用算術表示出來看，這樣才能讓我明白。」

尼乾子半信半疑，但竭力不讓弟子看出自己的心態。自己一向對算術最拿手，故想在這方面考考他。自己在這方面的判斷高人一等，所以，他表現半開玩笑的面孔出來。不料，當他目睹對方卓越的表現，會使自己下地獄時，不禁臉色蒼白了。最後，便向佛陀蜜多五體投地，苦苦哀求說：

「聖者呵！我要怎麼才能免於此罪呢？」

「尼乾子，就像你倒地之後，也得依地起立一樣。若你肯皈依佛教，自然能免於此罪。」

佛陀蜜多勸他應該皈依佛法才對。以前，尼乾子不時誹謗佛法，而今開始真心懊悔，不斷自我責備了。他的信心大增，便唱出五百偈頌來讚嘆如來。佛陀蜜多看了，便告訴他：

「因為你有這樣的業緣，臨終時才能出生天界。」

「你怎會知道我能出生天界呢？」他疑惑地問。

「倘若你不信，何不用算術演示給我看？」尼乾子果然用算術再三演示推斷，結果發現自己的罪業已經消失，可以出生到天界了。這一來，他的臉色馬上轉悲為喜，躍雀之下，便央求佛陀蜜多給自己出家。

佛陀蜜多一面瞧著他，一面慢條斯理說：

「你不妨先跟自己的徒眾商量再來說。」

尼乾子認為頗有道理，便跑去向五百名弟子宣稱：

「諸位！因為我發現了很奧妙的道理，心裡才非常高興。那就是我想要出家去求道，你們不妨各奔前程，另尋名師，去追求勝法好了。」

誰知待他的話一說完，便聽徒眾異口同聲說：

「我們敬仰師父彷彿仰望浩瀚的天穹一樣，只要師父要走那條成道的路，我們也願意跟隨你去。」

結果，五百名弟子也跟尼乾子師父一塊出家了。

從此以後，佛陀蜜多的聲望傳遍各地。

【佛理今釋】——倘用直接教法不方便，就不要執著，否則沒有功效。這時何妨改用間接方法，甚至活用善巧方便法，更能達到圓滿的目的，則何樂不為呢？前者是愚痴，後者為俊傑，為人處事也應該這樣，結果可以無事不成，皆大歡喜。俗語說「強中更有強中手，能人背後有能人」，別以為自己一通百通，就盛氣凌人，殊不知最後的損失是自己，知識障者，當如是也。戒之、戒之、戒之！

31 業果如影隨身

（付法藏因緣傳第六）

僧伽耶舍的智慧與辯才，都高人一等，故能救度許多眾生，但在他出家尚未開悟以前，有過下面一段故事。

有一次，他雲遊到海邊，看見一座莊嚴美觀的七寶宮殿，便匆匆走去，唱偈乞化。

「飢餓是第一病，苦行是第一苦；若知此法的真髓，才能入涅槃之道。」

這時，宮殿主人親自出迎，設座鋪墊，說道：「請坐。」

僧伽耶舍進去環視一下周圍環境，發現這裡有兩個餓鬼。他們全都赤身裸體，黑如火炭，飢瘦衰弱，而且身上被緊緊鎖住，脖子拴在一個床上，旁邊有一個缽，裝滿米飯與香料，瓶子裡也裝著水。

宮殿主人提著這些食物，布施給僧伽耶舍說：

「大德，別把這些食物遞給餓鬼吃呀。」

雖然，主人堅持不讓餓鬼吃，無奈，僧伽耶舍不忍見餓鬼在挨餓，便毅然遞給他們一點兒飯吃。餓鬼大喜過望，狼吞虎嚥之餘，突然吐出鮮血，弄髒了地面，甚至把宮殿搞得髒兮兮。

僧伽耶舍大吃一驚，便問主人：

「兩個餓鬼什麼原因要受這種罪報呢？」

「說來慚愧，其中一鬼在前世是我的兒子，而另一個是我的兒媳婦，當時我樂善好施，積了各種功德。可惜，這對夫婦非常吝嗇，時常發脾氣阻止我，我不時教訓他們，無奈，他們不肯聽，於是，我便發誓：

『罪業必有惡報，你們受罪的時候，我要眼睜睜看著你們受罪。』

由於這段因緣，他們才會這樣受苦。」主人回答。

僧伽耶舍走出宮殿，又看見一座堂皇莊嚴的殿閣，裡面有一群僧眾在經行、坐禪。時間一到，一敲木梆，僧眾便聚集到餐廳。但是，他們快吃完飯時，膳食都成了膿血。他們起立用缽互相撞打、格鬥，直到頭破血流，全身血淋淋也仍然謾罵不休。

「你們怎會這樣受苦呢？」

僧伽耶舍目睹他們的樣子，不禁吃驚地打聽。其中一僧回答：

「長老呵！上輩子我們在迦葉佛出世時代，也曾大夥兒齊集一堂。當時有客僧上門了，大家很生氣，起了吝嗇心，誰也不肯端出食物來。由於這種因緣，才讓我們現在受苦。」

後來，僧伽耶舍周遊大海，前後看過五百多處地獄，結果，他深深感受一股厭惡與恐怖之心。他心想：

「人在世間造了業、業沒有消失，它會如影隨身，永不分離，誰也休想拋棄它。現在，我可要用方便脫離它了。」

於是，他聚精會神在觀察思惟，終於通曉六通三明，證到阿羅漢果了。

【佛理今釋】——人死時萬般帶不走，只有業隨身，不論善業惡業，都會隨著神識去輪迴，或接受果報，而業力來自身、口、意三方面。倘若生前吝嗇不肯布施，死後淪入餓鬼道，享受不到飲食……。業報不能替代或轉換，誰造的業，便由誰去承受，所謂自作自受，當如是也。

32 恩將仇報天理難容

（根本說一切有部毘奈耶破僧事第十五）

在波羅尼斯國的窮鄉僻壤，有一個華鬘師，每天渡河到對岸的山上，採集紅、白、紫等花草，拿回家製作裝飾品……。

有一天，他渡到河中央，撿到上游流下一顆芒果，自己不得吃，便設法呈獻給城主。不料，城主也不得吃，將它送給夫人品嚐了。她很高興地品嚐，果然甜美極了。誰知她食髓知味，又向城主要一個，城主只好把華鬘師找來問話：

「你獻上來的芒果，是從那兒得來的？」

「那個珍貴的芒果，是我渡河時撿到的。」華鬘師據實回告。

「既然這樣，那就煩你再過河去撿一個來給我。」城主乾脆命令他去撿了。

華鬘師聽了很苦惱。那是偶然撿到的，怎可能再得到呢？真令他為難。但是，城主的命令很嚴厲，若敢說個不字，也許性命難保，迫使他只好唯唯是諾了。

次日，他又到河邊，芒果既然從上游流下，那麼，上游的某地必有芒果林才對。於是，他逐步走向上游，終於來到一座險惡的山下。遙望山上斷崖邊，果然有芒果樹。可是，那邊是斷崖，極不易爬上去，害他一連幾天站在絕壁下，一面眺望芒果樹，一面設法爬上去。後來，乾糧吃完，仍然想不出辦法。

城主的命令不能忽視，既入寶山，豈可空手回去？雖然他再三思索，也始終不能覆命。頃刻間，他終於下定決心，除了冒險攀登，別無他途。於是，他爬上幾步後，眼見芒果樹就要到時，一不小心鬆了手，腳往下墜，竟從百尺斷崖上掉到深谷下，幸好負傷不重，奈何肚子大唱空城計，四肢無力，躺在谷裡了。

這時，有一隻慈悲的猴王，看見這個呻吟不休的漢子，頓起救苦救難之心，但是，自己那有力量揹起他呢？這是關鍵問題，為了克服它，猴王先去揹一個像人一樣重量的大石頭，考驗一下自己的力量。幸好他能揹起這塊巨石，才確信自己有辦法，便馬上跳下谷底，把華鬘師慢慢揹了上來。

那時的禽獸都懂得人語，也能跟人類自由交談，所以，猴王向華鬘師說：

「你怎會掉到這裡來呢？」

被牠一問，他才將一切經緯娓娓說出來。

「原來如此，那麼，我爬上去摘給你算了。」

牠不顧自身的疲憊，便冒險爬上樹，摘下芒果交給他，接著說：

「我太累了，好想睡一會兒，請你過一陣子叫醒我。」

猴王躺在草地上呼呼睡著了。

華鬘師目睹牠睡得很熟，樣子很疲憊，心裏竟起了一個毒念：

「我的乾糧吃完了。何不趁牠睡著時，乾脆宰了牠，好做些肉乾，路上當糧食。」

一想到此，他便伸手撿起一塊石頭，用力猛敲猴王。這一來，猴王的頭髓被敲打成粉碎，一命嗚呼了。

天神遠遠瞧見他恩將仇報，行為惡劣，乃唱歌說：

「他危難時被牠救起來，而今他忘恩負義。世界就這樣，恩將仇報，啊！人間有多可怕，多可憎！」

當時的猴王是當今的釋尊，忘恩的華鬘師是提婆達多。

【佛理今釋】——傳統的農村社會，大家恩情義重，不失為良風美俗，而且恩怨分明，不敢恩將仇報，除了極少數的暴徒以外。而今疏離感彌漫的工商社會，恩情義氣極為淡薄，甚至恩將仇報，忘恩負義之徒也屢見不鮮，此時此地極需要佛教的理念，就是業因業果絕對難免，即使今生不報，來生也必會報，故不能忽視人間殊勝的感恩心。當然，以德報怨最難能可貴，也是佛教的最大智慧。

人間要有恩情觀念，人與動物之間也不要太絕情，別動不動就刀殺槍殺，存有弱肉強食的心態。須知同是有情眾生，也都在六道輪迴，彼此在前世後世都有恩怨相連，總有互相報應的機會，只待因緣成熟，所以要特別慎重。

33 三世因果恩怨相連（大方便佛報恩經第三）

波羅㮈國有一位婆羅門，家財萬貫，不但藏有許多寶物，還有無數的家畜、米穀和男女傭僕，可惜膝下猶虛，沒有一男半女，誰知在他八十歲那年，竟然生下一個男孩，讓他大喜過望。初生的男孩，相貌堂堂。當然，老婆羅門視為掌上明珠，盡心養育，不時邀請占卜師算他的前途。不久，給他取名叫均提。當均提長到七歲，父母想栽培他成為傑出人才，便特地上靈鷲山請教釋尊，想讓他出家做佛門弟子。

當時，釋尊正向諸天、龍神、鬼神和群眾說法。婆羅門向佛陀頂禮稟告：

「世尊，我活到八十歲才得子，我佛慈悲，把他收做弟子，開導他好嗎？」

釋尊仔細看了均提後，只說了一句話：「你來得正好。」話一說完，那個孩子的頭髮自動掉下，身上也自動披上袈裟，頓刻便成了一個可愛的小沙彌。更奇怪的是，他一聽釋尊說法，即時能夠開悟。

在座諸人看見這種光景，都好生奇怪，阿難尊者明白大家的疑惑，便起立整衣，合掌稟告釋尊：

「世尊！均提沙彌不知前世有什麼功德、或修持，今世竟能幸會世尊，而且很快開悟呢？」

「阿難！均提早從過去世起，就一直供養父母與僧眾，積有許多功德，遇見善知識，才能在今世得道。而今我來談談他的昔日因緣……。」

從前，七佛之一的毘婆尸佛出世，教化天下蒼生，因緣結束便入滅。一個年輕比丘精通經、律、論三藏，博學多才，擅長雄辯、聲音美妙、容貌端莊，令人尊敬。反之，當時也有一位老比丘，相貌奇醜，聲音沙啞。不過，他曾皈依三寶，勤於讚嘆與供養。有一天，年輕比丘聽到老比丘的聲音，忍不住取笑說：

「你誦經的聲音，聽來像狗叫一樣。」

「你別輕蔑人喔！你知道我是誰嗎？」

「當然知道，你不是毘婆尸佛滅後的摩訶羅比丘嗎？」

「不錯，我正是摩訶羅。我成就了相當程度的學問與修行，也已證得阿羅漢果了。」

年輕比丘聽到對方是阿羅漢聖者，才大吃一驚。

這時候，摩訶羅舉起右手，大放光明，照亮十方世界。年輕比丘慌忙禮敬老比丘，靦腆地向他懺悔：

「我愚昧極了，不識聖賢，請您寬恕，請您指點我來世怎麼親近善友，幸逢聖師，斷絕煩惱，精研智慧，做一位像您這般大德。」

說到這裡，釋尊回顧阿難說：

「當時的年輕比丘，因為取笑老比丘一句話，五百世投胎時，就出生做狗了。」

在座大眾聽了毛骨悚然，同時噤若寒蟬，接著同聲宣誓：

「縱使有火熱的鐵輪戴在頭上，我們也不敢口出惡言，誹謗聖賢與善人。」

有一次，五百名商人經過摩竭陀國的險峻山路，只見隊長牽著一條白狗。晚餐，他煮肉吃，吃剩的藏起來準備明晨吃，但卻不見了。原來被白狗在半夜偷吃掉。他在憤怒之下，便砍掉狗的四肢，將牠丟到洞穴裡，自行離去。

剛巧有舍利弗尊者正運用天眼，看見狗在洞穴裡受苦，便匆匆披起法衣，去城裡乞化，之後匆匆來到狗穴，把手上的食物餵給狗吃，同時說法給牠聽，讓狗在懺悔中死了。但在七天後，牠的罪行消失，才能再投胎做人。

釋尊又回顧阿難說：

「年輕比丘做了五百世的狗，而那條白狗正是均提小沙彌，因在過去世曾用惡語誹謗聖賢，故這項罪使他墮入惡道裡。幸好他肯誠心懺悔，才能遇到善友，之後出生人間，而今遇佛開悟了。阿難！你們千萬別忘了父母與善知識的大恩。若要報恩，便要修行佛道。」

結果，均提以小沙彌的身份，長期伺候舍利弗了。

【佛理今釋】——今生今世跟誰相伴相識，或結親結友，都是前世有過若干恩怨，因緣和合，才在今生相逢結伴，故千萬不能辜負這段因緣，尤其不要造成逆緣。不論恩或怨，仇或愛，都是三世相連，相互報應，不能等閒，尤其別以為人死會一了百了，殊不知業力會隨著人死的神識，影響到果報。人與禽獸相碰，依照輪迴說，也是前世的因緣而來，絕不可能無緣無故，故要以憐憫心相待才好。

34 有志竟成語非假

（六度集經第二）

有一個商人住在水村裡，不但天資聰明、心地仁慈，而且孝順父母。不過，他出身貧困，許多親友也是窮人，致使他不時憂心忡忡，只怪自己幫不上忙，他想盡方法也無濟於事，因為窮人實在太多。若用普通方法救濟，就不能徹底解決問題。最後，他想出一條妙計，乾脆出海去找如意寶珠算了。

有了這個計劃，他決心往海外一行，不久，他一切準備就緒後，就揚帆起程了。途中，他碰見一個海上歸來的怪人，雙方的船擦身而過時，對方先問：

「你要去哪裡？」

「我要去找如意寶珠。」

接著，他解釋自己去找寶珠的理由與必要性。不料，對方聽了反而很同情地說：

「老實說，幾年前，我也出海去找寶珠，目的跟你一樣，想要救濟貧困者。但一出海便到一處荒野和無垠的沙漠，水草絕跡，只有野象、虎、豹、狼、毒蛇和獅子等恐怖野獸……我好不容易逃走，繼續向前走，又被一群強盜圍困，迫使我馬上攀登高山險道，渡過大河，一路上飢渴交迫，又有寒熱與風雪，以及種種危險恐怖，之後好不容易到海岸，只好又漂到海中，誰知暴風、大魚、毒龍、雷電、下雹、大雨、怒濤等挫折，層出不窮。

但是，我決心要找到如意寶珠，便自我督促，不能沮喪，結果仍然找不到。身上的乾糧吃光了，只好捕魚鳥充飢，想要保住性命。這樣過了幾年，依然不見蹤影。我的日子雖苦，一想到故鄉貧困的父母和親友，就感到不能空手回去。

我有過這些年的體驗，才好意勸告你趁早息了這個志願，最後一定會徒勞無功，希望先明白這一點，還有在海上航行，也有數不盡的黑山、黑風、夜叉、羅剎、惡魚、蛟龍等災難，接二連三在等你。當然，自古以來聽說海裡藏有如意寶珠，而去找尋的人，成千上萬，結果誰也沒有拿到手，我勸你別步我的後塵，懊悔莫及。」

這位怪人說了一大堆忠告，和危險的體驗，不料，他聽了反而勇氣百倍。原因是，內心受到三種因素在鼓舞。

第一，為救濟父母、兄弟和親友的貧困、除了去找如意寶珠以外，絕對沒有別的方法了。

第二，自己以前受到親屬的支援，而今他們也陷入貧困，倘若不顧他的死活，空手回鄉，便有失道義。

第三、許多富豪家庭使婢喚奴，大聲呵責，其實，那些婢奴只因貧困，才任人謾罵指使。而今只有靠珠寶才能讓他們脫離苦難，既然這樣，我怎麼能無功而返呢？

每當他想到這三個理由，便不斷湧起堅強意志，去跟一切困難搏鬥，以至突破困境，最後，他終於拿到如意寶珠，平安返鄉去救助親朋好友了。

【佛理今釋】——若用普通方法不能解決問題，就得靠非常方法了。若想一勞永逸解決困難，就得靠超人的意志去突破；同理，若要成為人上人，就得吃下苦中苦，因為天下沒有白吃的午餐，倘若成功很容易，那麼，人人都是成功者，也是平庸者，這一來，世間還有凡聖的區分嗎？

百折不回固然重要，但也不能忽視智慧，才能生起意志力與方便法，並獲得最後的成就，否則，只靠魯莽也不能成大事，遑論功德圓滿，皆大歡喜？

35 不服輸的榜樣

（大智度論第一）

釋尊的徒眾裡，有一位舍利弗被稱為「智慧第一」，而他的舅舅是一個叫做「長爪」的婆羅門。一天，長爪跟姐姐舍利展開一場辯論。不料，姐姐舍利輕易地駁倒他，讓他十分生氣。剛巧此時的舍利有孕在身，於是，長爪的心中暗忖：

「姐姐現在鋒芒畢露，也許得力於她肚子裡的孩子，將來，這個胎兒生下來不得了。他尚未出生，就能輕易擊敗我這個舅舅。倘若以後生下來，更是了不得，現在是我該下決心的時候，我得趕快到處去研究更高深的法門才行。」

果然，他即刻離鄉去參加一群婆羅門修行人的行列，直往南印度，開始猛讀十八種經書，網羅一切學術的總和。有人看見他用功的態度，好生奇怪，便來問他：

「你想研究什麼學問呢？」

他的態度傲慢，不屑一顧地回答：

「我打算熟讀十八種經典，至於要專攻哪一門，那是區區之志，不是為學之道。」

對方聽了目瞪口呆，以為他在吹噓，不斷望著他。

「什麼，你妄想熟讀十八種經典，我看你一輩子也休想讀完，恐怕連一種都讀不通哩！瞧你這樣驕傲，根本不適合研究學問，何況，想要徹底研究一切學問的奧秘，談何簡單。」

當初被姐姐輕易駁倒，才迫使他不好意思待下去，其實，那時候他也有反省的意思，離開時也想成為印度第一大辯論家，結果，又遭旁人嘲笑與指責，這更激起他報復的決心。

「當年被姐姐擊敗，而今又被外人羞辱，走著瞧吧！」

第二次的屈辱，反而使他堅決發了一個誓言：

「我若不讀完十八種經書，誓不剪掉手上的指甲。」

之後，他果然不剪指甲，發憤苦讀經典了。光陰迅速，他的指甲肆無忌憚地伸長了。大家看了都叫他「長爪梵志」。他的讀書能力跟指甲與日俱增，雄辯能力也更加進步了。他反對其他學者的觀點，不時跟人展開法非法、應不應、實不實、有與無之類的論戰，結果誰也贏不過他。他的雄辯能力彷佛一隻力大無窮的巨象，到處狂奔，踏遍四處，也無人能夠制服他。他來勢兇兇，也像獅王一樣，迫使所有辯論師心服口服。因此，他在國外周遊好幾年，之後，才回到家鄉——摩伽陀國的王舍城外。

那天，他不時向村民打聽：

「我姐姐的兒子目前在哪兒？」

「你姐姐的兒子名叫舍利弗，天資聰明，年僅八歲就能熟讀一切經書，到了十六歲，便能駁倒所有辯論師，聲望很大。那年，釋迦族有一位行者名叫喬達摩，收他做弟子帶走了。」

長爪聽了村民回答，覺得很意外，昔日的傲慢又復現了，他恨恨地說：

「原來如此，當年家姐懷孕時，我便知她肚裡的孩子不平凡。而今果然沒錯，成了偉大的學者了。但是，那個喬達摩竟敢玩弄魔術，欺騙我聰明的外甥，他居然肯剃頭做他的弟子，實在出乎我的意料，我現在馬上去駁倒喬達摩……。」

只見長爪匆匆去精舍了。那時，舍利弗受戒僅半個月，不知自己的母舅來到門外，而他正在釋尊的身邊聽法。長爪的心裡尋思：

「一切論點都該駁倒，一切語言都該擊破，一切執著都該轉動，所謂諸法實相，第一義，性、相……全都含有應該破壞的性質。照理說，舍利弗通曉這些道理，但不知喬達摩用什麼論點收伏舍利弗呢？」

長爪的思潮起伏，走到釋尊的面前作禮。說道：

「喬達摩，我否定一切法，一切法我都無法接受。」

「婆羅門，你若否定一切法，也不接受一切法，那麼，你說的一切法都不肯接受，本身也是一種法。這樣，你接不接受呢？」

他一時語塞，啞口無言，不禁羞愧自己昔日的行為，於是，他捨棄了邪見，情願做釋尊的弟子了。

他進了佛門，取名叫「摩訶俱絺羅」，成為釋尊的十大弟子之一，頗有辯才，懂得回答各種難題。

【佛理今釋】——人的智商高低勉強不來，似乎取決於父母的遺傳，但依佛法來說，可以追溯更久遠的前世業力，而這種論點相當周密，相當徹底，但是，很高的智商或才華，絕對不等於正知正見，而是中性的存在，所以，若無善知識接引或指導，也可能成為大奸大惡，不可不小心……。

不論求學或待人處事，都不能目中無人，須知能人背後有能人，一山比一山高，仍要虛心學習，誠懇對人，活到老學到老，知識與德行永遠學不盡，而聰明人學得快，方便多，但也不保證，成就更大，德行更高……。

36 鬥智不鬥力，生存好哲學

（大智度論第十七）

有一位國王名叫月分王，他的太子平時極愛香甜的水果，所以，國王在禁園裡栽培許多果樹，每天派人摘下芳香的果實，提供太子當膳食。但是，禁園裡有一株大樹，樹上不知何時來了一隻鳥在築巢孵卵，之後，也生下許多小鳥了。

有一次，母鳥照常從遠處銜回一個色香味美的水果餵著小鳥，當然，一群小鳥都來搶吃，這麼一來，那個香果掉到禁園裡了。守護人員一大早來到果園巡視，不自覺地看見大樹下有珍奇的果實。他撿起一看，不論香氣或色澤，都與世上的尋常水果不同，真是罕見的異果。他好生懷疑，連忙拿去獻給國王。國王愛得不忍放手，一會兒，太子也看見了，馬上想要這個水果。國王疼愛兒子，當然把它遞給太子，這個香果的味道美妙極了，更助長太子的愛著心，害他每天吵著要，國王只好命令果園的守衛，每天摘一個來。但是，這個果子到底從哪棵樹掉下來的呢？守衛根本不知道，所以，他很為難地說：

「大王，這個香果沒有樹種，不知它怎會放在那棵樹下，我覺得很奇怪，它到底從哪裡來呢？又為什麼會掉在這個禁園裡呢？我實在想不通理由。大王命令我去拿，我真不知怎麼辦才好？」

國王執意要這種水果，怎麼也不肯吃別的東西。國王就不管守衛的解釋，一直說：

「不管怎樣，你得去拿這種香果給我。」

守衛不敢反抗國王嚴厲的命令，但是，他堅信不會有這種果樹，他很沮喪地來到那棵樹下，仰望茂密的枝葉，雖然看不見果實，卻意外發現一個鳥巢，依照守衛的猜測，香果肯定是母鳥從外邊銜回來的，於是，他便藏身到樹上，猜測母鳥遲早會飛回來。果然，母鳥愛子心切，也跟人類一樣，今天又飛到遙遠的香山，銜著一個香果回來，不料，愛子巢邊有一個恐怖的強盜潛伏著，等牠回來哩！當然，守衛輕而易舉地拿到香果了。他忙著捧回給國王，國王也嘉獎他幾句，太子的歡喜，更是不在話下，整個王宮的氣氛也跟著暖和起來，因為守衛得到賞賜，故從次日起，他又照常躲在茂密的樹葉裡，偷走母鳥銜回來的香果，供給太子的膳食。

不料，這樣卻惹起母鳥與小鳥的憤慨，眼睜睜目睹香果被人類搶走。無奈，鳥類與人們爭吵，不能用普通方法來解決，非用智慧不可，母鳥終於想出報復的方法了。

一天，牠就從香山銜回一個含有劇毒的果實了。不論香氣、味道、色澤都跟昔日的香果一樣，守衛不疑有他，照樣搶走了，國王收下後遞給太子，而太子一拿到手，便用舌頭舐嚐，喜不自禁，不料，吃完後，不久太子就全身發毒死了。

之後，這個守衛也被國王處死了。

【佛理今釋】——不勞而獲的東西不可靠，亦不能持久，總得設法去徹底解決。同理，只有靠自己辛勞的結果，才是最穩當的獲得方式。如果面對強勁的敵人，聲勢咄咄逼人，而自己必須活下去時，只有靠智慧去解決，但不能憑血氣之勇，或普通方法，那樣只會自取滅亡，徒自犧牲，乃是非常愚蠢的方法。所謂天無絕人之路，如果自己設法破解，上天亦不可能幫忙時，就非用特殊的謀生方法不可了。

世人不可能一輩子一帆風順，所以，從小就要接受嚴格訓練，養成去敵制勝的求生本領，以備不時之需。若不這樣，就不可能有智慧去突破困境，制服敵人了。

37 心被境轉，難得成果

（大智度論第十七）

有一位鬱陀羅仙人修煉有五種神通。有一天，他從仙山飛到王宮來，接受豐盛的供養。王后娘娘依照該國的禮儀，往仙人的腳作拜，伸手摸到仙人的腳，那股溫馨讓仙人朽木般的腳，立刻熱血沸騰了。這一來，仙人馬上失去神通，再也無力飛回仙山去，只好向國王借一部車，好不容易回到仙山的草庵。經過好長一段日子，他才恢復原來的神力，開始專心修行，又煉五種神通。

不久，當他快要大功告成，煉好神通力時，忽見一隻鳥兒從樹上飛來，發出騷擾的叫聲，結果打亂他禪定的心，致使他的功力迅速倒退了。他只好放棄林間的草庵，搬到沒有樹木的泉水畔居住，打算進入禪定。不料，他看見幾條大魚在水裡爭吵，水的濺聲很大，結果，又讓他的修行失敗了。這一來，他不禁十分憤怒，心想：

「有鳥和魚在場，我實在無法修行。先決條件是，要徹底消滅牠們，我才能修得五神通。」

這位仙人修到相當的禪定工夫，出生到非想非非想處天，在那裡直到命終，才轉生到畜生界。這時候，他做了狸，殺死許多魚鳥等生類，結果造下無邊的罪行，長期淪入惡道裡受苦了。

在佛門裡，也有同樣的人。有些比丘僅僅修行到四禪，就自以為到達阿羅漢境界，自得其樂，再也無心向上，直到一輩子結束，看見四禪裡有陰相，才發覺這跟涅槃之相，距離太懸殊，於是陷入邪見裡，便妄下斷言：「佛在騙我嘛！」

結果，他就墜入無間地獄裡，其他僧眾聽了都半信半疑，認為他一邊修行佛道，一邊墜入地獄，似乎違背道理。於是，他們都來拜見釋尊，希望印證事實的真假。

「世尊，那個比丘在精舍裡死了，不知他投生到那裡了？」

「他墮入無間地獄裡了。」

僧眾聽了，疑念反而加深，怎會這樣呢？又問道：

「世尊，那個比丘平時喜好打坐，持戒又嚴，死後怎會墮入無間地獄呢？實在想不通。」

釋尊解釋那個比丘的錯誤觀念，所以會墮入無間地獄，乃是報應之故，藉此告誡弟子，邪見多麼可怕！

【佛理今釋】——坐禪不是枯坐，或擺好坐勢而已，先得清淨各種妄想雜念，讓內心逐漸穩定，不要被外境所轉，若只見小鳥或魚群，便心生憤怒，這樣哪有什麼定力可言，被女人一撫摸，便起了妄念，更是毫無工夫可言了。禪定工夫由淺入深，切勿把陰相當作涅槃，這是走火入魔，非常危險，學習禪定要特別小心！

修習禪定固然很殊勝，很值得肯定，但要經過名師指點要訣，切勿自我摸索，胡安坐下，否則很容易出差錯，後果十分可怕。與其這樣，不如改修別的法門，所謂八萬四千法門，每一法門都能開悟證道。

38 忠心護主，始終如一

（毘奈耶破僧事第十九）

波羅尼斯國的阿吒王，擁有五百位大臣，威力遠播，鄰國都敬畏他。

一位萬夫莫敵的勇士叫做杖瓶，從南印度迢迢千里來訪波羅尼斯國的某位大臣，而這位大臣久仰他的英名，特地引見給國王說：

「大王，我今天帶一位勇士名叫杖瓶的人來見您，請大王重用他。」

國王接受他的建議，破例重用杖瓶了。

鄰國有一名國王，擁有數十萬名雄兵，但他很羨慕阿吒王的威望，總想伺機攻擊他。一天，他突然整頓象兵、馬兵、車兵和步兵，浩浩蕩蕩來打阿吒王的國界。阿吒王英勇抵抗，結果，大敗敵軍，也把他們驅逐出境了。

被打敗的鄰國國王，心有不甘，便召集大臣們商量計策——決定收買對方的臣子。依他們看，這是破敵致勝的好策略，便立刻派人神秘收買阿吒王身邊的臣子，說：

「我們決心要來報復貴國，請你們不要上陣，如果我方戰勝，日後必有重賞，重禮優遇你們。」

他們果然被名利沖昏了頭，而情願提供所有資訊給敵方。

不久，鄰國再度來攻打波羅尼斯國。阿吒王再度率兵應戰，保衛國土和百姓。不料，五百名大臣早被對方收買，雖然勉強到了前線，卻不願揮刀去衝鋒，反而眼睜睜看著敵人衝上來。阿吒王發覺情形不對，只好叫杖瓶過來，協助自己奮戰。

這時候，杖瓶臨危授命，毫不畏懼地作歌說：

「跟隨多年的好友，全都棄國王而去，

只有杖瓶一個人，永遠都追隨國王。」

只見杖瓶發揮神威，殺死了不忠不義的五百位大臣，尤其義憤填膺，衝向敵人的陣營，這一來，敵人畏懼他的神威，紛紛退卻了。

阿吒王就是當今的釋尊，而杖瓶是當今的阿難。

【佛理今釋】——今生相聚，或生活在一起，也是三生有緣，彼此應該珍惜，再造更好的緣，以便生生世世都能皆大歡喜，重逢相聚。可惜，有人因為貪婪、瞋恨和愚痴，而破壞這種良緣，為名為利，不惜出賣自己的國家，犧牲相聚多年的親友，將來會受到悲慘的果報，這股怨恨今生也許沒有機會報應，殊不知受苦受難，或先死的人，不會放過他們，只待因緣成熟，便是機會來到了。

不論是主僕、夫婦、朋友、親戚或君臣等關係，不全然是今生今世而結的果，也有些來自前世的恩怨，彼此相報，這即是佛教的三世因果，不能單單用今生今世來解說，事情的前因後果，還有前世和來世呀！

只要受恩於誰，便要常懷感恩心，找機會報答他，豈可出賣他，殘害他？

39 最徹底的忍辱行

（涅槃經第廿九）

有一位迦羅富國王生性殘暴又傲慢，但卻長得年輕英俊，身強體壯，每天沈緬於五慾的享受裡。

該國的郊外有一位修行人過著仙境般的禪修生活。有一天，山上花草茂盛，春光明媚的日子裡，迦羅富王率領一群侍衛和宮女，到郊外來觀賞春景，也在樹林間盡情遊玩，其間，一名宮女聽說這位修行人刻苦修道，日子貧困，便走到他身邊，而修行人就向她說法，勸她先要除去貪慾，才能有幸福的日子。

國王突然發現身邊的美女失蹤，自然無心觀賞郊外的景色了。他到處找尋芳蹤，才好不容易看見她在修行人身邊，國王忍不住向修行人說：

「求道者呵！你修羅漢果了嗎？」

「還沒有。」

「那麼，你修得不還果了嗎？」

「也沒有。」

「既然沒證到阿羅漢，又沒有修得不還果，可見仍有貪慾之苦。看你表面在求道，卻仍目不轉睛注視我的心上人，不覺得舉止輕率嗎？」

「沒錯，我也還有貪慾，不過，我的內心很清淨……。」

「你胡說什麼，連不吃人間煙火，只吃果實的神仙尚且貪愛女色，何況你還年輕力壯，難道不會貪愛女色？」

「大王，執愛女色與否，跟吃不吃果實無關，凡人執迷女色，係因不懂無常與不淨的道理。」

「把人當傻瓜，而且出言不遜，實在無聊透頂，你還能說在修道嗎？」

「大王呵，責備別人係因為嫉妒，我可沒有一點兒嫉妒心。所以，我才敢這樣責備別人，並無不當。」

「既然如此，那麼我再問你：『戒』是什麼？」

「那是指『忍耐』。」

「是嗎？你說『忍』即是『戒』，那麼，我就削掉你的耳朵，若你能忍耐，才算持戒人。」

殘暴的迦羅富王立刻動手削掉修行人的耳朵，但修行人一點兒也不苦惱，旁邊的侍衛看了對國王說：

「大王，你對修道人這樣殘酷，可知結果會怎樣嗎？」

「你說這個傢伙在修道，怎麼知道呢？」

「他的耳朵被你削掉，仍能面不改色，才叫他修道人。」

「原來如此，我再給他一次苦頭，看他還能面不改色？」

國王一邊說，一邊又削掉他的鼻子，接著，連他的手、腳都給削去。幸好他修行慈悲已有相當時日，早有憐憫心，而沒有憎恨心。不過，天界的四天王卻痛恨國王的暴行，就把砂石如雨點般打在國王的頭上，國王知道自己犯了天怒，趕緊下跪來央求修行人：

「我剛才的行為罪大惡極，請你慈悲寬恕我吧！」
「大王，我心無怒意，就像無貪慾一樣。」
「大德呵！我怎麼能知道你的內心沒有怒意呢？」
修行人為了證明心無怒意，便發誓：
「如果我內心真無怒意，那麼我被削掉的耳鼻、手腳便能馬上恢復原狀。」
果然，他的誓言證明無誤，全身恢復原貌了。
修行人是前世的釋尊，殘暴的國王是前世的提婆達多。

【佛理今釋】——身體受到嚴重傷殘還不起瞋恨心，也不遷怒對方，這種高貴和深厚的慈悲行與忍辱行，雖然不是等閒人可以修得到，但是，最起碼的忍辱心是社會生活的必要條件，千萬不能動不動就瞋恨和嫉妒，這樣很難與人和睦相處。例如，不久前國內只因兩名計程車司機口角，便呼朋引伴，互相毆打，使人員與車輛損傷慘重，付出巨大社會成本，貽笑國際，十分愚蠢。

不僅不瞋恨和嫉妒對方，反而憐憫和同情對方，看似非常人所能為，也是忍辱行的最高成果，可做學佛人的風範。

40 尊重生命，切勿濫殺

（根本說一切有部毘奈耶藥事第十五）

某座山上有一條獅子，一天，有五百商人經過這座山。當時，山裡棲息一條巨蛇被商人們的談話吵醒，就以龐大的身軀，把他們休息地點圍困起來。商人們驚恐之下，只好仰向諸天求救了。

獅子聽見聲音，跑來一看，巨蛇圍困著五百商人，正想要吞食他們，獅子匆匆到了附近，訪問一隻巨象說：

「一條巨蛇正要吞食五百個商人，我們合力拯救他們好嗎？」

年輕的象毅然答道：「好，好，要用什麼方法去救呢？」

獅子說：「我先爬到你頭上，用後腳挾住你的頭，再以前腳猛踢蛇的腦袋。倘若我用後腳用力一挾，你必然斃命，我再用前腳力量一踢，巨蛇也難逃命，這時，蛇吐出毒氣來，我也會被毒死。」

「只要能救出許多人，死又何妨。」

一會兒，獅子與巨象向巨蛇走去，果然，獅子爬到象的頭上，猛擊蛇的腦袋，片刻後，巨蛇死了，不料，象也被獅子的後腳挾死了。獅子被蛇的毒氣猛擊，當場斃命，只見三種野獸同時喪身，才使五百商人全身而退。

當商人們脫離虎口，正要出發時，諸天告訴商人們：

「這頭獅子是菩薩的化身，為了拯救你們而喪命，你們得供養這位菩薩後才走。」

商人果然用各種東西供養獅子的屍體後，才踏上旅途。

當時的獅子，即是現在的釋尊。

【佛理今釋】——動物與人類不完全會誓不兩立，有時能互相調和，保持生態平衡，豐富環境的優美，所以不要互相仇視，心存敵對的態度，同是地球上的有情眾生，彼此都有生命尊嚴和價值，人類自稱萬物之王，也不要仗著聰明才智與體能欺凌對方，甚至為自身利益而毀滅對方，有失上天好生之德，最後一定有惡報。

反之，要盡量善待弱小動物，說不定牠們也在某方面協助人類哩！既然如此，那麼，人們對天地萬物都應抱持感恩心，隨時隨地回饋周圍的有情眾生，讓大家都能享受生命的歡喜、價值與尊嚴，而不要只顧自己，完全不顧別的生靈。

41 借債償還，天經地義

（生經第四）

某年，釋尊走出祇園精舍，手持鐵缽，挨家挨戶去行乞。這時候，只見一條大肥牛掙開十幾個人的拖拉，拚命向釋尊面前跑來了。

原來，這條牛是從遠地被賣到這個城市裡來。買主想把牠拖出去宰殺，但因牛的力氣大，買主才央求許多人，用結實的網子將牠拖到這兒。不料，牛一看到釋尊，突然興奮站立，掙斷網子往前跑了。

大家起了一陣騷動，彼此正在唉呀！唉呀叫喊之際，肥牛逐漸跑到釋尊面前了。阿難知道狂牛一衝過來，非撞到釋尊不可，便站在釋尊面前攔住，使出全身力氣把肥牛逮住。

「阿難！你不許魯莽，不要逮捕牠，讓牠來吧！」

阿難聽到釋尊的吩咐，立刻住手，只見那肥牛跑到釋尊面前，雙腳彎曲，嗚咽悲泣，伏倒在釋尊的腳下哭訴。

「佛陀，請您憐憫我，救救我的危難好嗎？我馬上要被他們殺死了。」

了。

釋尊聽到牛的哭訴，也覺得可憐，為了拯救牠，便向大家談起這條牛的過去因緣

遠在過去世，有一位管轄四天下的轉輪王，他擁有千名子弟，與七寶之財，並用正法治理國家，很正確地教導百姓，所以國泰民安、豐衣足食，百姓視國王為父親，而國王也能愛民如子。一天，他出外巡視，正要返回王城的時候，碰見從前一位老朋友，被債主捉來，綁在大樹上，叫苦不迭。他因為欠債五十兩，債主才把他綁起來。國王命令侍從拿出五十兩來替老朋友解圍，但是，老朋友對國王說：

「大王的好意，我十分感激，但是，我另外又向他借貸一百兩，縱使你現在能幫助我的忙，但我以後不一定能再碰到你。」

為了這個可憐的朋友，國王又命令侍衛給他錢，然後回去。但是，侍衛改口告訴他來王城拿好啦，說完後自行離去了。

之後，這個朋友常到王城大門，向守門說明來意，也許上頭的命令不曾告訴守門人，或命令不夠徹底，致使他一直拿不到錢。然而，債主又幾次上門索債，而他告貸無門，只好逃走，避不見面了。

結果負債始終沒有償還，經過幾次投胎轉世，直到今世才出生做牛來還債，然而

負債的總額已經高達幾千兩了。

而今這條可憐的牛，正是當時被債折磨的友人，我是當時的轉輪王，當年不曾幫助朋友徹底解決負債，所以，牛現在才來向我要債了……。

【佛理今釋】——世間任何人借債還錢，都是天經地義。倘若刻意抵賴，或其他原因不能償還，這輩子縱使不覺愧疚，下輩子也會做牛做馬來抵償，這樣兩不相欠，因果使然，沒有什麼好奇怪。而今有人欠一大筆債逃到國外，以為可以不受法律制裁，甚至以自殺逃避等，都違反借貸必須償還的原則，最後也難逃無相的法律——因果報應。所以，那是昧於因果的愚痴做法，大家小心為是。

可見業力有多大，像佛陀不但有神通，出了三界，成為天人導師，依然沒有完全跳出因果報應，前幾世的借貸承諾沒有實踐，而今因緣成熟，仍被對方央求救助……。

42 由迷轉悟的例證

（賢愚經第三）

波羅奈國有一個黃金崇拜者，一輩子努力不懈，也無非為了賺錢，而人生的最終目的也是為了賺錢，這是他獨特的信仰與人生哲學觀。雖然，他平時衣裳襤褸、粗茶淡飯，且又非常吝嗇，若為了賺錢，他會不眠不休，拚命工作，結果，總算有了相當財富，可是，為了保存這筆巨款，免於盜竊也傷透了腦筋。顯然，他因為滿足金錢慾望，才攬上一身苦惱。後來，他煞費苦心，才買了一個瓶子來裝錢，之後將錢罐子埋在家屋地下的深處。

總之，他每天努力賺錢，再將它慢慢儲存來。一天，他終於儲滿七罐錢財了，當他看見七個錢罐都埋在地下，覺得人生無上快樂，無如，他只知拚命賺錢，再壯的身體也會拖垮，終於一病不起，辛苦半輩子的錢財，沒有花到就一命嗚呼了。

因為他的愛財心太強，雖然人已經亡故，但死得不安心，致使內心由貪而瞋，終於變成一條毒蛇，再投生到人間，返回原來房子，嚴加看守地下的藏金，這棟失去主人的房屋，年久失修，受盡風吹雨打，以至逐漸凋落荒廢，再也不能供人居住了。那條投胎轉世的毒蛇，壽期盡時也一命歸陰了。不料，牠對錢罐子的執著，卻愈來愈強烈，結果又顯現毒蛇的形狀，日夜在看守牠心愛的錢罐子。

為了一股執迷念頭，害他數度變成毒蛇的恐怖外形，也一直出生世間看守七個錢罐子，這樣前後經歷好幾百年。最後一次投胎轉世時，這條毒蛇竟也恨起自己的蛇身，開始厭憎自己以往的心態了。牠不時尋思：

「自己反覆呈現如此醜惡的蛇身，由蛇身再輾轉為蛇身，其所以如此，無非執迷那些錢罐子，怕它落到別人手上。只因熱愛幾個錢罐子，便忍受毒蛇醜惡外形，未免太卑賤了，果真不捨這份執迷，自然一直拋不掉醜惡的蛇身。現在，不如將這筆錢布施給人，藉此功德，才得有未來永恆的幸福。」

這條執迷錢財的毒蛇，乍然從愚痴的迷夢中覺醒，進而得到布施的淨業，牠能以堅強的勇猛心破解貪著的妄念，總算是幸福的第一步……。

【佛理今釋】——不論時代怎麼進步，好像眼前是文化進展日新月異的時代，而人們執愛金錢的程度照樣非常強烈，它誘惑世人的程度，沒有任何東西能夠比擬，世人不惜損毀寶貴的名望，甚至為它放棄生命，也心甘情願，這些全是拜金主義的反映，但是，執迷錢財十分可怕，千萬不要誤信黃金為萬能……。

古今中外都譏諷守財奴的作風，事實上，世間有無數守財奴，即執迷錢財，藏為已有，或留傳子孫，始終不肯布施，利益眾生。乍見下，這是個人修為問題，殊不知，這樣貪迷也會在死後不得善報，倘若永遠這樣，貪財不捨，結局就像本篇故事的主角一般，輪迴轉世都不能享受淨業果報，非常可悲可嘆！

幸好，他能在愚痴中靈光一閃，乍然清醒過來，才能走向幸福之路，免於毒蛇的輪迴苦惱，可做世人的警惕。

43 事情有輕重緩急

（毘奈耶破僧事第十九）

在阿諾庫達池畔，有一隻鵝王叫做提頭賴吒。牠有兩個兒子，一隻叫做「滿」，另一隻叫做「滿面」。長子的性格粗暴又兇悍，經常欺侮其他同類，讓對方叫苦連天，而自己都引以為樂，一天，受害者來向鵝王訴苦了：

「你的大兒子每天欺負和毆打我們，我們太苦惱了。」

鵝王一聽也覺得這個兒子不像話，只好先安撫對方：

「真抱歉，這個孩子性格粗劣，請各位先寬恕他一下，我會好好規勸他。」

鵝王不時為了這個不肖子向同族道歉，但內心不斷尋思：

「如讓滿這個兒子繼承王位，他會更肆無忌憚，愈來愈兇悍，最後必然會殘害同類。這個傢伙讓我頭痛死了。」

鵝王經常幻想自己死後，同族慘遭迫害的情景，以致心緒不寧。有一次，牠把兩個孩子叫來說：「從現在起，你們到各地去觀察所有池塘，看看鵝族的棲息狀況，誰先把結果告訴我，誰便能繼承王位。」

鵝王胸有成竹，才突命兩子去做這件事。當然，兄弟都想捷足先登，便相互較勁了。牠們各自率領五百隻部下，同時飛奔出去。有一天，牠們到了波羅尼斯國境內不期而遇了。

波羅尼斯國有一位梵德王，英明仁慈，把國家治理得井井有序，民眾安居樂業，人人都在歌頌他。王城近郊有一個妙花池，池水清澈如鏡，池面的蓮花盛開，芳香四溢。池畔長滿許多花草，樹上有成群小鳥，愉快地飛來飛去，無異一副絕佳的畫境，裡面有山水與花鳥，長子滿一看到這個池景，情不自禁地率領五百隻部下，跳進池裡盡情游水，快樂到忘我境界了。弟弟滿面卻率領部下，一面在空中飛翔，一面觀看哥哥遊玩的情景。這時，一隻部下突然提議說：

「我們何不也跳進去，像牠們一樣游得痛快不好嗎？」

「玩樂固然不錯，但我有王命在身，待我先回去報告父王待我繼承王位後再回來也不遲啊！」

果然，滿面不願違反王命，仍然率領五百隻部下，匆匆回國向父王報告觀察心得。父王也實踐諾言，毅然把王位傳給牠了。

【佛理今釋】——凡事有輕重緩急，不要搞亂秩序，否則會一蹋糊塗，不得成就，這樣跟愚痴何異呢？

因緣隨時會改變，眼見快得到的結果，不到確實到手，也可能有意外，故不要太大意，理應隨時掌握狀況，調整方法，朝向目標努力，才能圓滿成功。

擬定的計劃要全力以赴，不要停頓，縱使其間有許多挫折或障礙，也不能中途改向，世間的各種成果不是屬於某一人的專利，有為者都能獲得，關鍵在自己能否明白因緣，肯不肯種善因而已！

44　善報父母恩

（菩薩本生鬘論第一）

印度有一個大國——得叉尸羅國，國王名叫提婆王，膝下有十個兒子，各自佔領一個小國。其中一位王子叫做善住，佔領最小的國家，不過，這個小國的勢力穩固，百姓生活也富裕，鄰國有一個惡王叫羅睺，卻很嫉妒善住國的富裕，便派兵侵略他們。善住國王當然竭力抵抗，奈何寡不敵眾，逐漸失敗，最後國破家亡了，迫使他只好準備逃向父王的地方——得叉尸羅國。

當時，善住王膝下只有一個兒子叫善生，年僅七歲，善住王夫婦抱著兒子，趁兵慌馬亂中逃出去，從本國到父王的地方要費時七天，其間隔著沒有人煙的荒野，根本找不到食物充飢。他們攜帶七天糧食，踏上荒蕪寂寞的逃亡旅程，不料，途中走錯路，過了七天，仍未抵達父王的國境，之後連糧食也吃完了，這樣下去，三人非餓死不可，處境十分危急。

「不能三人都喪命在路上，三個人裡，總得有一人犧牲，好讓其他兩人活下去。」

善住王心裡尋思，看見夫人拉著兒子走路，他便從背後拔刀要砍她，說時遲，那時快，善生吃驚地阻止父王說：

「千萬不能殺死母親，請您殺死我吧！世間哪有孩子吃母親的肉來維持生命呢？應該把我的肉當你們的糧食才對。」

善生說到此，緊緊摟住母親不放手，善住收刀，掉下眼淚。又聽善生央求說：

「請割下我的肉當糧食吧！若讓我命絕，身體必會腐爛，所以，不要殺死我，只需一塊一塊地削肉來吃，保住性命就好了。」

其實，父母親怎麼也不忍心下手，他們心想：

「怎麼忍心割下愛子的肉來吃呢？」

父親的打算不是善生的願望，善生看見這種情況，反而拔刀割下自身的肉，跪著呈給母親。善住王夫婦十分驚慌，悲嘆了許久，最後，只好成全愛子的心願，吃下他的肉。連續幾天，一直在這樣悲傷與飢餓的旅程上苦撐。善生童子身上的肉也幾乎被削光了。只剩下骨骼之間幾片肉殘留下來，父母也削下這幾片肉當糧食，以續餘命，父母親含著淚水，把愛子丟在荒野上，匆匆離去了。

父母親離開後，善生王子心裡祈盼：

「父母親呵，但願你們能平安回去，也盼望以我的犧牲功德，將來能開悟成佛，普度天下眾生。」

他一念至此，三千世界，六種震動，天上諸人讚嘆之餘，也淚如雨下。此時，帝釋天為了試探善生的心，便化身一隻狼來吃他了。善生毫不害怕，心想：

「我僅存一副骨頭，也願意施給餓狼充飢。」

心念至此，他很高興地投身前去，帝釋天一看，立刻失去狼形，呈現原來面目，極力讚嘆王子說：

「割下自身的肉來維持父母親的命，真是世間罕見，如你有任何願望，不妨對我實說。」

善生說：

「我沒有其他願望，只希望早日開悟成佛。」

帝釋天又問：

「你的身體已經無肉，僅存骨頭，實在夠殘酷了，到這種地步，難道不會憎恨父母嗎？」

善生說：

「我沒有任何憎恨心，倘若將來能悟道成佛，就可以還我本來面目。」

說話至此，只剩一副骨頭的善生，突然皮肉漸生，很快又恢復原來的可愛身形。

善生童子即是現在的釋尊，善住王是淨飯王，而王后是摩耶夫人。

【佛理今釋】——故事雖然不是真實，卻可以發現兒子對父母的孝心，至高至大，感動天地。

捨身供養，只想將來開悟成佛，普度天下眾生，真是徹底慈悲，自身沒有肉，只剩下骨頭，仍肯布施餓狼，也可見布施夠徹底，殘酷至此，也沒有憎恨心，不怨天尤人，這種修持是菩薩行的典範，可見釋尊前生有這種修行，才能開悟成佛。

不論今生成了父子、夫妻、母女或君臣、朋友、……等關係，都不是偶然或無因，乃是前幾世修得的緣份，學佛要珍惜這幾種緣才對。

45 熱心護持佛教遺跡

（雜阿含第二十三）

某年，印度的阿育王遍遊各地去禮拜佛教遺跡，其間，最令他著迷的，莫過於那棵菩提樹，原因是，它有過佛陀成道的莊嚴情景，才讓國王不停地傾全力護持這棵菩提樹。不料，這一來反而惹起一個人的嫉妒和不平，而這個人正是國王最疼愛的夫人——低舍羅絺多。她心想：

「以前，大王把我當做世間最心愛的人，而我也把大王當成最愛的寶貝，現在，他卻狂愛那棵樹，反而不理我了。我要設法讓那棵樹枯萎，只要失去那棵樹，大王必然會回到我的身邊。所以，我非把那棵樹毀掉不甘心……。」

夫人被愛慾衝昏了頭，便偷偷叫咒師來商量了。

「你能使那株菩提樹枯死嗎？」

「我會令它枯死給你看，只要有一千兩的代價。」

夫人依價付出一千兩錢了。咒師拿到錢後，走到菩提迦耶邊，先用繩子綁住樹幹，再唸起咒文，片刻後，說也奇怪，那棵原本繁茂青蔥的菩提樹，竟然逐漸落葉，樹枝枯萎了。但是，咒語仍然沒讓樹幹朽掉。這時，咒師走來稟告夫人：

「若用熱奶灌注樹根，那棵樹必然會枯朽。」

傍晚，夫人對國王說：

「我想用熱奶供養那棵菩提樹好嗎？」

國王聽了點頭贊成，不知夫人的詭計：

「太妙了，你儘管去做好了。」

夫人立刻派人把熱奶灌入樹根去，果然不妙，樹幹漸漸枯萎了。一群妃子看了大驚失色，立刻去稟告國王：

「大王呵！大事不好啦！那棵菩提樹竟然枯萎了。

佛陀仰仗的菩提樹，

葉子散落，樹幹枯萎。

為什麼會這樣呢？真是殘忍。」

國王聽了，驚慌得暈死過去。夫人馬上用冷水滴在國王臉上，才好不容易使他蘇醒過來。只聽國王含淚作歌：

「菩提樹正是我的佛，菩提樹也是我的命，

一旦菩提樹枯萎，我的性命休矣。」

夫人目睹國王悲哀的樣子，竭力想捉住國王的心：「大王呵！你何必這樣苦惱呢？今後我會盡量安慰你呀！」

事實上，世間再也沒有比菩提樹更重要的東西了。夫人只是個凡人，她的存在只不過是妻子對丈夫的價值與角色，難怪國王一直嘆氣：

「菩提樹是我的生命，而今它卻枯萎了，我的性命恐怕不久於人世。」

夫人聽見國王絕望的心聲，始知自己做錯了事。她馬上派人用冷奶灌注菩提樹根，致使這棵樹再度生長了。國王一聽欣喜若狂，每天派人送千壺牛奶去灌注樹根。結果，菩提樹一天天生機蓬勃，青蔥茂盛的情狀不亞於從前。國王知悉後，親自走來看樹，並唱一首歌：

「把各種奶水灌入樹根，用香水洗樹，再用塗香擦樹。諸王不曾做過的供養，而今由我來實踐了。」

只見國王在金、銀、琉璃、水晶等四種寶壺裡，盛入各種香乳與香湯，再提供各種飲食，樹列旗幡，拿著寶蓋，送上百類香花，奏樂，親自受持齋戒，穿上白淨衣服，手持香爐，朝向四方作禮，心念口說：

「四方的如來賢聖弟子啊！請你們憐憫我，並接受我的供養。」

結果，三十萬僧眾雲集前來，紛紛接受了供養，同時，各都拿著四種寶壺的香水與香湯，前來灌洗菩提樹。因此，菩提樹才能欣欣向榮，愈來愈茂盛，僧眾同聲歌唱：

「澆灌菩提樹，洗淨菩提樹，樹幹雄壯，樹葉茂密，」

國王大喜過望，接著又殷勤供養三十萬僧眾了。

【佛理今釋】——學佛的最起碼認識是，對佛、法、僧三寶懷抱最徹底的恭敬心，這樣才會竭力護持佛寺、佛塔、佛經和佛教聖跡，繼而熱心弘揚佛法，竭盡佛教徒最基本的義務。只知上寺廟燒香、禮佛、唱讚、做法會，而不知維護佛教遺跡是不對的。

當年，釋尊在菩提伽耶的樹下禪坐，之後大徹大悟，成就佛道，致使後來的阿育王才忍不住敬仰佛陀之餘，也會竭力護持那棵菩提樹，所謂愛屋及烏，連協助釋尊成道的樹木也得到讚嘆與禮敬，可知阿育王多麼熱心佛教事業。

而今國內寺廟多，僧尼也不少，經書到處流通，那是徒眾熱心促進的成果，但願持之有恆，維護社會祥和……。

46 領袖盛德，百姓稱慶

（六度集經第一）

乾夷凱國有一位國王叫做偏悅王。他的政績清明，又有慈悲心，平時親近百姓，態度溫和，處事秉公執正，只要貧民有事求他，他都會答應協助。所以，監牢沒有一個囚犯，難怪百姓都會由衷敬愛他、服從他。

一天，一位外國道士聽說偏悅王對所有人，都會有求必應，也能施捨任何東西，不禁起了壞心眼，很嫉妒他的崇高品德，便特地來訪。他告訴守衛說：

「我聽說大王對窮人有求必應，熱心救濟，無異上天恩澤普及一切萬物，請你帶我謁見好嗎？」

守門人不敢怠慢，便帶他去見國王了。慈悲的國王聽了道士的請求說：

「大王的恩澤遍及四海，天下蒼生無不讚嘆，聽說大王有求必應，來者不拒，而今我要人頭，就請你的頸上人頭給我好嗎？」

國王瞪著眼吃驚不已，同時拒絕說：

「不知你要我的頭做什麼用，要我割下頭來，真是很難，我供給你其他寶物好嗎？」

誰知道士毫不領情，國王只好命工匠，特造一顆七寶頭顱給他，無奈，對方拒絕接受，不聽國王的勸告，反而再三逼說：

「我只要大王的頭顱。」

到目前為止，國王對人都有求必應，來者不拒，而今悄悄返回宮裡，親自把頭髮拴在大樹上，平靜地告訴道士：

「好吧！為了不讓你失望，你來拿我的頭好啦！」

只見道士拔出尖刀，正要走向前砍下國王的頭顱，旁邊的樹神看了大怒，即刻伸出一隻巨手，聚集一股力量，猛打道士的雙頰，道士的臉突然飛出去，整個面孔朝後，雙手發抖，尖刀落地，國王反而沒有任何傷害。

這事傳揚出去後，群臣無不拍手稱好，諸天也讚揚國王的功德，附近諸王也由衷地擁護他了。國內各種莫名其妙的毒害全都消失，以致沒有人生病，反見五穀豐收，牢獄毀棄，國泰民安，大家生活愉快了。

偏悅王是現在的釋尊，道士是提婆達多。

【佛理今釋】——雖然這是一篇神話故事，卻寓有深刻的教育意義，即自己做不到的事，不要隨便開支票，以免不能兌現，而失信於人，尤其身為領導人物，更不能失信於百姓，否則，不是國家社會之福。

所謂君子一言，駟馬難追，既然向天下人宣稱來者不拒，有求必應，倘若做不到，便是失信失格又失職了。反之，智者看出對方缺陷，也不要趁人之危，任意索取，或予取予求，有失厚道。

總之，大意指國家領導人有德行，比有才能更重要，因為有德行可以普天同慶，諸神擁戴，國泰民安，而有才能的君主未必有這種共鳴與功德……。

47 一言既出，駟馬難追

（雜譬喻經卷上）

某地有個國王愛吃人肉，不時吩咐廚子，在夜晚到城外找人，殺死後當做佳餚下飯，廚子無奈，只好照辦了。若要人不知，除非己莫為。他的行為終被人們發覺了。

群臣很快把食人王驅逐出境，之後再找一個賢人來繼任王位，誰知十三年後，食人王忽然身上長出雙翼，好像能任意飛行，結果，他依舊飛來飛去捉人來吃。

一天，他向山上的樹神祈禱，吐露一個恐怖的願望：

「我會呈上一千人的身體給你，希望我能再當國王。」

之後，食人王很得意到處飛翔，逢人便捉，總共抓到九百九十九個人。一天，國王偕同一群宮女出門，到溫泉去遊玩，無意間遇到一位行者。只聽他喝唸偈文行乞，國王便馬上給他些東西，而且約好回宮後，還會給他更多錢財，接著，國王進溫泉洗澡，正在舒暢時，忽然食人王從天而降，抱住國王回山裡去。誰知國王毫不害怕，面不改色。只聽食人王說：

「我要捉一千個人身祭天，而今已經捉九百九十九個人了，現在捉到你，正好湊足一千人的數目，我馬上要殺你來祭天，你怎麼一點兒也不驚慌呢？」

「人生早晚要死，東西放得愈久，愈容易腐壞，相見一時，終久要分離，所以，別離沒有什麼好悲傷。我今晨出宮，一位行者向我唱偈行乞，我約好要布施給他，可惜，我不能實踐諾言了。若說我今生有恨，那就是我的憎恨了。請你慈悲給我寬遲幾天，讓我去實踐諾言，然後我會再回來供你祭天和吃食。」

「好吧！我給你寬延七天，如果不夠也不行。」

國王說好後回城去，全國上下都歡迎他回國來。

國王先打開倉庫，布施給遠近人群，再讓位給太子，安慰百姓，向大家道別後，才回去見食人王。食人王站在遠處眺望老百姓，始知他不是泛泛之輩，不怕死地跑回來。

「世人都貪愛身命，而他肯不要命跑回來，其中必有不尋常的意義，我願聞其詳。」

這時，國王旁徵博引，說明五戒十善及學佛意義，致使食人王消除邪念，接受五戒，成為一位清淨信徒，同時，釋放其他九百九十九位國王，好讓他們各自回國。但是，諸王表示自己能保住性命，係因為信了國王的教理。所以，他們不想回到祖國，而寧願留在這裡。此時，國王只好給諸王建造一間一間相同的房舍，待遇也相同，甚至連食物與服裝也沒有兩樣，盡量安撫他們，結果，各地遊人都好奇地盤問：

「為何國內有這麼多座王城呢？」

該國的百姓回答：

「這些全是國王的宿舍哩！」

從此以後，王舍之名，遠近皆知，才使這裡叫做王舍城。故事中的國王是釋尊的前身，而食人王是殃崛摩。

【佛理今釋】——人的好壞沒有絕對不變，不論變好或變壞，都不離因緣，意謂再好的人，也可能在某種因緣下變為壞人，而再大的壞蛋也會幸逢善緣，得到善知識的勸導，而恍然悔悟成為大好人或大善士，況且世間的因緣是無常的，經常會改變，所以好人壞人也可能不停變化，所謂世間人生，不外因緣果報而已。

故事內容，雖非社會現實，卻有深刻的寓意。例如為人重視信用，為了實踐諾言，不惜犧牲性命，人類高貴的情操，莫過於此，可惜現代人忽視這套崇高的德行啦！以非凡的方法教示世人，經常會有意外的效果，例如歹徒受到由衷的感動，也可能浪子回頭，或放下屠刀，立地成佛，都是古今中外屢有所聞的事。

48 非凡的出世間法

（六度集經第三）

某位修行人穩居深山幽谷中，與青松結友，竹林為伴。他以大慈大悲的心同情眾生的生死煩惱，追求自他共濟的大道，但在這寂靜的境界裡，經常有一隻虱子來打擾他的求道生活。

原來，這隻虱子在他的衣服築巢居住。修行人始終覺得身體癢癢，心情很難平衡，他不時伸手要捉虱子，無奈，自己的衣服襤褸，不易捉到牠，最後終於捉到手上，心裡反而同情牠了。不過，辛苦捉到手也值得高興一陣，結果不忍心殺牠，便把牠放在一塊獸骨上了。

虱子幸得一命，在獸骨上面連續吃了七天，待牠吃完後，才自行離去，之後，幾度生而復死，死又復生，輾轉輪迴。

最後，這位修行人證悟成了佛。

一天，大雪紛飛，道路封閉，路上沒有一個行人。剛好此時，國內一位長老招待釋尊，及其數千名徒眾，供養七天，布施善根，時光迅速，七天很快期滿了，但是，雪下個不停，路上也不能行走，釋尊吩咐阿難和徒眾，還是回寺院去好了。

阿難暗吃一驚：

「長老對我們的誠意與恭敬，讓人感動極了。而今雪愈下愈大，若要回去精舍，可就沒有地方去行乞吃飯了。不如再讓長老供養兩三天不行嗎？」

「長老的好意已經表示了，不會再供養我們了。」

釋尊說完話，果然馬上率領徒眾回去精舍了。次日，釋尊說：

「你不妨再去長老家行乞看看。」

阿難依言來到長老的家門前站著托缽。

守門人看見阿難來托缽，雖然也曾布施，但什麼話也沒說。不久，阿難回到精舍，將實情稟告釋尊。

「為什麼昨天與今天的態度完全不同呢？」

釋尊才詳述過去與虱子的一段因緣，然後又說：

「阿難，我因為慈悲心才拯救虱子的性命，並把牠放在腐朽的獸骨上，給予七天的食物。由於這段因緣，那隻虱子今天出生為長老，才會供養我們山珍海味，宿世的恩惠，用七天來報答。所以，長老的心只有七天而已。」

【佛理今釋】——人與人或人與禽獸間的一切恩怨及仇恨，都會連貫三世，交相報應，永無休止，所以，做人或對待弱小動物要用三世因果的出世間法來考量，才算周延和徹底，也是有智慧的生活態度，若僅以今生今世的眼光衡量世事，未免太狹窄，不符合佛法的旨趣。

學佛能夠領悟出世間法，也是思想上一大突破，且對人生觀有正面與肯定的價值，但願做任何事都要這樣想！

49 清淨心最難修

（六度集經第四）

有兄弟兩人經營寶石生意，一次，弟弟到國外的首府去。國王看他長相不俗，表示要他當女婿，除了向他購買現有的寶石，還表示要更多，弟弟興高彩烈回家去，跟哥哥商量此事。哥哥聽了不敢相信，便偕同弟弟謁見國王。不料，國王一看哥哥的長相比弟弟更英俊，說話溫和有禮，又改口說要他當女婿，公主也忘了弟弟的事，樂得聽從父王的意見。

「丈夫的兄長視為父親，弟媳應該視同女兒，他既然已許配公主給弟弟，而今出爾反爾，無異是禽獸行為。他雖然當國王，貴為君主，其實比畜生好不到哪裡。」

哥哥心裡暗忖，滿肚子不高興，便拉著弟弟離去。

公主難抑思念之情，就恨恨地站在高殿上，瞪著他們離去了。尤其，她更恨那個猝然離去的哥哥。她暗中發願：

「我做鬼也不饒恕那個可恨的哥哥，非活活挖出他的心肝來吃不可。」

戀情在她心裡如火如荼地燃燒，終於抱恨死去。幾度輪迴…………。

後來，哥哥投胎做了猴子，而弟弟與公主轉世為一對烏龜夫婦。一天，雌龜生病了。

「聽說能吃到活的猴肝，這種病才能好起來，你務必要替我找來。」

雄龜只好到處去找猴肝了。一天，牠正好看到一隻猴子從樹梢跳下來喝水，雄龜故作親密狀，走到前來問牠：

「對面有一處很好玩，不知你去過沒有？」

「我還沒有去過。」

「那實在是好地方，若你想去，我就揹你去，你坐在我的背上吧！好讓我當一個導遊。」

猴子看他這樣親切，也高興地跳到烏龜背上坐好。游到河流中央時，只聽烏龜突然說：

「老兄，水裡哪會有好玩的地方呢？老實說：我太太患病想吃活猴的肝，我只好向你要了。」

猴子才知對方原來撒謊，存心把自己揹到河中，牠心想，現在只有略施詭計，才能暫解眼前的危急，於是，牠對烏龜說：

「原來如此，你怎麼不早說呢？因為我的肝掛在樹枝上，而今不在身上，讓我回到岸上拿下來給你吧！」

烏龜不知情，便再游到岸上，誰知猴子一跳到岸，就忍不住哈哈大笑了。

「老兄，你想肚裡的肝會掛在樹枝上嗎？哈哈！」

這段過去的因緣，發生在過去世的釋尊和提婆達多之間。

【佛理今釋】——只顧自己方便，而不考慮別人的立場，很容易引起對方的怨恨，倘若這股怨恨不能合理發洩，或得不到適當補償，便永遠留在內心，深入潛意識裡，輾轉輪迴，生生死死，只待因緣成熟，便成為果報了。所以，凡事要替別人想想，不要「我執」太重，便成了自私，日子一久，對於和諧與友好的殺傷力大得無法估計，這是做人處事的座右銘，學佛的人要特別小心。

本來陌生，或無緣無故聽到對方的好話連篇，小心知人知面不知心，不要很快耳軟才好。一旦上當，損失慘重，甚至有性命之虞，懊悔來不及，若能防範於先，早有這種常識，即使走遍天下也安全，造惡口業固然不對，但也不能不防周圍人們的惡口業——花言巧語或撒謊……。

漫長人生，會碰到數不盡的緊急狀況，這時要靠機智，才能破解困境，轉危為安，那隻猴子不失為極好的範例。

50 權衡達變的道理

（六度集經第五）

有一次，兄弟兩人搜集一大批貨，要去裸體國做買賣。

「哥呀！所有福德深厚的人，都不愁衣食，只有天佑淺薄的人，才不能這樣。現在我要去一個國家，百姓無衣服穿，十分可憐。那個地方很野蠻，既無佛，也無法，更無弘法的僧眾，去那裡不易知曉當地人心，事情不好辦。俗語說入境問俗，依我看，先模倣他們的風俗習慣和言語舉止，也裝個野蠻人的樣子，才是聰明務實的辦法。」

弟弟一片肺腑的話，對於生性乖僻的哥哥起不了作用。

「弟弟，禮貌一定要周到，稍有不對，就算無禮了。福德全是天賦，不必要遠慮。我們若去裸體國家，何必跟他們一樣赤身裸體呢？」

「哥哥，自古以來，所有聖賢都明白權衡達變的道理，表面上裝著銅，裡面藏著金，暫時捨棄禮儀，順應時勢。起初也許會被人嘲笑，終究會受人稱讚，才是權道的大綱。」

兩人商量妥當，準備要去裸體國了。

「你先走一步，看看情況，再派人回來說。」

弟弟聽了哥哥的吩咐，先往裸體國去了。過了十天，派人回來報告哥哥，說道：

「一定要依當地風俗，跟別人裸體見面才行。」

哥哥一聽，勃然大怒：

「人類豈能倣效禽獸？君子不能全身赤裸裸，弟弟明明要羞辱我，我怎麼能聽他的話呢？」

顯然，哥哥不聽勸告，自以為是，駕車前去，反而講究威儀。

該國的風俗是，每月十五日夜晚，都舉行遊樂晚會，男女都要塗香油、抹白粉，布施裝飾品，手牽著手，依節拍，載歌載舞，弟弟也坦然加入行樂的人群，跟他們打成一片，而當地人也樂見他活潑熱忱，人人敬愛他，國王尤其善待貴賓，願出十倍的價錢僱用他。

反之，哥哥一踏入那裡，便喊說吵得要死，貿然反抗眾議。這樣，當然招致國王的震憤，不但當場被眾人拳打腳踢，所有身上財物也被搶走了。弟弟一看情形不妙，立刻央求國王饒恕哥哥，好不容易才得到國王允許，才能夠雙雙回國去。群眾目睹弟弟要走，紛紛出來送行。相反地，更多人口口聲聲斥呵哥哥，叫他快滾蛋。

哥哥看了很不諒解，猛打弟弟的手腕，羞怒交集地說：

「你跟他們是什麼關係？你我變成仇敵了嗎？他們肯給你恩惠，我反而被人搶走一空，而這全是你惹來的禍，亦是你前世帶來的憎恨，我不會原諒你。」

弟弟聽到哥哥憤怒的指責，流淚發誓說：

「我常親近佛、法、僧三寶，希望救渡眾生，報答一切恩情，侍候兄長的態度與心情，也絕不會改變。」

之後，哥哥不時無緣無故折磨弟弟，但是弟弟對兄長的友愛始終不變，一直安慰和照料他。

當時的弟弟是釋尊，哥哥是提婆達多。

【佛理今釋】——儘管現代的潮流傾向地球村，四海皆兄弟，但因幾千年來，人類分布在地球各個角落，因地制宜，交通不便，平時極少來往，才各自形成不同文化、習俗、制度、道德與價值，彼此進展速度不一樣，以致形成先進與落後等不同層次，但仍然要異中求同，互相包容才好；而今世界移民成了風潮，如果到了異地，要想落地生根，便先要入境隨俗，跟當地文化與習俗融化，不能做邊緣人，或自命清高，不肯認同當地的一切，這樣，會帶來痛苦的結果，例如適應不良症，或被迫無法立足，灰頭土臉回鄉去。

權衡達變是一時的措施，含蓋於善巧方便的原理中，絕非隨波逐流，或狼狽為奸，若不會隨機應變，執著僵化，最後一定會一敗塗地，才是真正愚痴之輩，不足倣效。

51 捨己救人菩薩行

（六度集經第六）

且說一條猴王統率五百隻猴，在深山優閒渡日，享受舒服。某年，氣候乾燥，沒有果實，群猴快要餓死了。

該國首府距這座山不遠，僅隔一條小溪水。所以，猴王只好率領部下潛入國王的遊園裡，貪吃一大片果實了。守園人將情況稟告國王，國王聽了，下令偷偷把群猴層層圍住，並令大家不要救走牠們。猴王知道了，臉色大變。自己身為領袖，一時沒想清楚，竟讓部屬身陷險境，很過意不去。即使自己喪失性命，也要設法救出牠們，於是，牠下了決心，即刻吩咐群猴：

「我們趕快離開這裡，大家分頭去找些藤鬚來。」

幸好，群猴都很溫順，又肯服從，很快找來了一大把藤鬚。大家將它連接成長繩，把一端拴緊在這邊的大樹枝上，另一端結在猴王腰部，而猴王像飛鳥般跳到河對岸的一棵大樹上。這一來，從國王的果園隔著溪流，到猴群棲息的山上，便馬上架成一條橋了。然而，因為藤鬚太短，猴王兩隻手腕使勁兒地捉緊樹枝，也僅能支撐片刻而已。

五百隻猴子全都渡過這條橋時，猴王的兩腕早已無力支撐，氣絕掉在河岸上了。次晨，國王到果園一看，一隻巨猴躺在地上，他仔細觀察，始知牠已經氣絕，但又像奄奄一息，有些甦醒的樣子。此時，巨猴發覺身邊有人在場，幸好牠懂人語，便向國王說：

「我雖然生為禽獸，偷生世間，也蒙受大王的恩惠。今年因為乾旱，山上沒有水果，不得不冒犯大王的園地，摘食果實。此罪全都出在我身上，其他猴子全都聽命於我，敢請大王原諒他們，我全身僅有這麼一點肉，就獻給諸位充當一餐的酒餚吧！」

牠以必死的覺悟，在地上叩頭謝罪，雖然，牠是一隻野獸，但身為首領，竟能犧牲自己，拯救同類，讓國王感動萬分，也忍不住含淚撫慰牠說：

「我雖然貴為人間之王，也不及你們這些野獸哩！」

當下立刻解開牠腰間的藤子，把牠抱進宮裡，放在平穩的睡床上，命令全國百姓，可讓猴群自由摘食水果。

國王將此事詳告王妃，且又竭力稱讚：

「古來的賢者行為，也恐怕比不上那隻猴子吧！像我的施惠比起牠來，也只不過像細繩或毛髮一樣。牠的舉動遠比崑崙山還要偉大。」

王妃聽了歡喜不盡，順口央求國王：

「大王，請你下令各地百姓，都給這條罕見的猴王任意吃飽，也不要阻止猴群到處摘食水果。」

「愛妃，我已經下令，牠們全都能自由摘食水果了。」

猴王是釋尊，國王是阿難，五百猴子是五百位的修業僧眾。

【佛理今釋】——身為團隊領袖，或國家領導人，有義務負責全體隊員或百姓的生活安全，因為平時享盡權勢、利益和風光，不能碰到團隊或國家危難，眼見隊員或百姓有了危險，就只顧自身，而不顧他們，例如自己開溜，三十六計走為上策，結果害了部下或百姓，這是絕對缺德和自私，以後惡報一定難免，學佛的人要警戒。

抱著必死的心，去拯救群眾，這種死有重於泰山，非常值得，而且死後也有好去處，原因是，用身心布施不求回報，有無限功德，況且，不錯失這項因緣，也是極有智慧的證明，領悟出世間法的存在，令人讚嘆，令人擊掌。

旁觀者深受感動，也表示他有善根，才能起共鳴，自己反省，說不定有相同因緣時，他也會捨身救人哩！

52 全力以赴，志在必得

（六度集經第六）

有兄弟兩人都學習佛法，他們只要知曉哪裡沒有佛教，便會排除萬難去弘揚教法。當時，有一大國的國王還算有德行，也樂於聽道。無奈，周圍全是一群壞人，他們合力引誘國王進入邪道，致使天下的魔物橫生，迷惑百姓，只見風雨失調，喪失大自然的恩澤，人民處在水深火熱中。哥哥乍聞此事，便跟弟弟吐露心跡：

「幸好我們國家推行佛道，人人勤於行善，國王心地又仁慈，群臣懂得忠義，父慈子孝，丈夫有信，妻子賢慧，家家戶戶都是好人，似乎不必再教育什麼了。現在，聽說那個國家都崇信牛鬼蛇神，結果，出現一條大惡龍要吞食老百姓。我們兄弟立志求道，無非要拯救不幸的人，而今必須用教理薰陶他們，用仁義訓誡他們，倘若這樣還不能制止惡龍施毒，那就非打倒牠不可了。」

「哥呀！佛不是教誡我們殺生為最大的罪惡嗎？救助生靈才是第一仁道。你看我們要怎麼辦呢？」

「若傷害一個人，其罪孽在百劫的漫長歲月也消除不掉，這條惡龍膽敢吞食一國的百姓，可見牠的罪孽會多如恆河之沙，永難消失，所以，若能除掉惡龍，便能拯救萬民，再用佛道教育他們，假以時日，禍害才會消失，幸福才會來臨，我們不能再猶豫了。你變成一隻大象，我變成一隻大獅子，一起去跟惡龍苦戰，如果不能征服牠，就沒有法子拯救這個國家了。」

兄弟兩禮拜十方諸佛，同時起誓說：

「許多人不平安，是因為我們維護不力，現在，我要跟惡龍打鬥，即使失去性命，但願未來成佛，也要救濟天下蒼生。」

待一切準備就緒，只見兄弟倆先後變成獅子和巨象，一起去攻打惡龍的巢穴了。

獅子以象背當踏板，勇猛地迫近惡龍。惡龍當然心火起，即刻呼雲喚雨，狀況威厲，只見雷電閃爍，驚天動地，一片黑暗，其間，只聽苦鬥不停，獅子怒吼，巨象呻吟，片刻後，三者同時喪生了。

諸天看了不禁叫聲：「善哉！」而大家也都讚嘆他們兄弟的仁義表現。由於這場功德，兄弟倆後來都出生天界了。當國王與百姓略知佛法後，立刻拋棄魔物與外道的教理，專心信佛，百姓也就成了一群善男信女。

當時的哥哥是釋尊，弟弟是彌勒，而惡龍是提婆達多。

【佛理今釋】——倘若全國上下都崇奉邪道，不肯行善，那麼，惡緣惡事一定橫生不休，風雨失調，失去上天好生之德，這種社會會災難頻仍，百姓叫苦不迭。

不得不剷除惡徒，以救萬民於水火，這種殺生罪業還算輕微，故可以肯定，何況用自己的性命做犧牲就有功德了。個人置身於一群惡知識裡，很難潔身自愛，反而容易被感染，以至於變壞。環境的影響之大，不能忽視，古今中外，皆有定論，學佛的人尤其不做等閒，否則會受到傷害。

53 善巧方便法（六度集經第七）

且說兩位菩薩，一位叫顯耆羅，另一位叫那賴，他們逃離世俗的污濁，遠去深山挖掘石屋居住，穿簑衣、蓋草褥、吃果實、喝淡水，拋棄所有物質慾望，靜靜地專心修行。後來，他們越過慾界的誘惑，進入色界的四種禪定境界，獲有五種神通，對任何遠方的東西，都能一目了然，也能聽到極稀微的聲音，或飛往任何地方都通行無阻，還能洞察十方人士的心態，甚至知道某人遠自過去世，到現在投胎的經過。雖然，他們受到諸天與神祇的尊敬，殊不知住在深山六十多年，一直同情許多人被囿於物情，叫苦連天，而不知捨棄慾望，信仰佛道，會得到福報。

有一次，顯耆羅菩薩深夜起來誦經，疲倦後躺下來。此時，那賴也起來讀經，在狹窄的石屋裡，一不小心，踩到了顯耆羅菩薩的頭頂。

「誰踩到我的頭頂呀？我要發誓明晨太陽上升到一丈以前，你的頭顱會裂成七塊，我肯定會這樣。」

「你未免憤恨得太過份，即使不是活的器物，也有時會互相抵觸，何況手腳能活動自由的人呢？一同住在狹窄的房子裡，年長月久，難免會失誤，但是，你的誓言一定不會錯，明晨太陽一上升，我的頭會裂成七塊，然而我會靠自身力量抑住太陽，不讓它從東方上升一步，只有這樣才是活下去的唯一辦法。」

果然，晨曦遲遲沒在東方出現，次日如此，一天又一天，連續五天，不見天日，大地陷在黑暗的籠罩下，萬民手持火把亂哄哄，可知人心陷入極度不安與恐怖中。

這一來，國王便召集群臣會商了。不消說，一群學者與婆羅門也應召出席。

「連續五天不出太陽，難道我國有罪不成？」

國王用嚴厲的眼神掃過會場，一位年高德劭的婆羅門走出來解說：

「因為山上有兩位菩薩，一向受到國人尊敬，而今為了一點兒細事爭吵，結果，一方控制太陽，不讓陽光出來。大王不妨率領臣子和人民，爬到山上去跟他們好好商量和解，或懇求一番，他們是慈悲的活菩薩，一定會答應的。」

國王果然下令大隊人馬，前去石屋拜訪兩位菩薩，態度誠懇，又有禮貌的說：

「我們的國家富饒，百姓安定，全蒙兩位菩薩的護佑，而今兩位起爭吵，才使我們不安定。如果有罪過，那是我的罪過，而不是百姓的罪過，請你們平心靜氣寬恕我國……。」

「我沒有意見，只要顯耆羅的心態軟和下來，太陽就能很快東昇。」

國王一聽，就去找顯耆羅，傳達那賴的意思，只聽對方說：

「你們可用泥巴造作七個那賴的頭顱，之後，太陽自然能像往常一般東昇。」

果然沒錯，太陽從東方冉冉上昇了。光芒四射，泥造的那賴頭，馬上被割成七塊，而兩位菩薩的糾紛藉此和解，國王百姓都歡喜極了。之後，兩位菩薩眼見國王愛民如子，弘揚教化，也不遺餘力，更設法令全國和平安樂了。

那賴是釋尊的前身，顯耆羅是彌勒菩薩的過去身。

【佛理今釋】——兩位菩薩的爭吵是一種善巧的方法，因為國王百姓都不知佛法，為了接引他們，只好這樣做，結果功德圓滿，如願以償了。

反過來看，彼此相處日久，偶而起誤會或摩擦，要有寬忍心與包容心，不能憤恨嫉妒，設法報復對方，或刻意藉某種狀況發洩，妨害到別人，這表示修行工夫不夠，自己還要精進，做到以平常心面對狀況才對。

為了專心修行，減低物質慾望，便遠離世俗去深山隱居，穿衣住居都很簡陋，而且粗茶淡飯，這樣只可短期行之，不能一輩子活下去，待功力深厚，證悟到相當程度時，便要出來救渡眾生，才是菩薩精神，即「上求菩提，下化眾生」者也。

既已越過慾界，進入色界的四禪定，兼有五種神通，懂得過去，已善解人意……可見修行工夫有多深，但因一點兒細事便起摩擦，憤恨心不能抑，總想撕裂對方的頭顱，乍讀下，令人疑惑，怎麼菩薩還有這樣大的火氣？顯然，煩惱尚未斷盡，仍是凡夫之身，七情六慾旺盛，讀者不要斷章取義，執著或誤解表面的文字故事，應該細嚼領悟全篇內容的結論在——藉此接引他們學佛也。

54 實修遠勝於讀經

（雜寶藏經卷第三）

有兄弟兩人都皈依佛法，信得很誠，也都出家去參學修道。哥哥修行精進，名叫阿練比丘；弟弟聰明博學，通曉各種經典，叫做三藏大師。後來，三藏法師知遇於當朝宰相，得到財力支援，到處建造塔寺。宰相看到他的塔寺，構想絕倫，不禁信心倍增，致使供養更加熱心，也更誠懇去支援他了。佛塔既已落成，三藏法師聚集一群僧眾，有意興隆佛法，便特地因此來拜見宰相說：

「我有一位哥哥出家修道，精勤又精進，乃是世間罕有的高僧，可否招待他來新建的寺塔裡呢？」

「你想得好，既然有這樣難得的高僧，快派人去請他來。」

結果，三藏法師的哥哥——阿練比丘在宰相的聘請下，住進新建的寺塔裡了。他是一位高僧，既精進又有德行，致使宰相的皈依與尊敬又深一層，當然更加熱心供養了。之後，宰相又以千金價值的謝禮供養阿練比丘，本來，阿練比丘堅持不肯收下，奈因宰相言辭懇切，才使他只好接受了。不過，他覺得弟弟精明能幹，事業很有前途，需要錢用，便把宰相供養的謝禮轉贈弟弟。然而，宰相卻給三藏法師一些粗貨，雖然三藏法師也收下，但內心非常嫉妒。後來，宰相給阿練比丘的謝禮愈來愈昂貴，阿練比丘很感激地收下，然後轉送給弟弟，相反地，三藏法師看了更嫉妒，包著昂貴的謝禮走訪自己深愛的一位粉紅知己——宰相的女兒，唆使她說：

「令尊以前極厚待我，但從他皈依阿練比丘以來，不知阿練用什麼方法手段哄騙令尊，竟使他對我的態度完全改變。現在，我把這批謝禮給你，你把它裝飾在衣服上，好讓令尊瞧瞧，倘若他問你，你就答說：

『請你讓我嫁給阿練比丘好嗎？』

這一來，令尊一定會生氣，而後不再供養阿練了。」

「家父非常尊重阿練比丘，常說他是一位傑出的高僧，所以才皈依他，像明珠一樣重視他，我怎麼能傷害他呢？」

「如果你堅持不聽我的吩咐，我就跟你絕交了。」

最後，她終於依照三藏的吩咐，把謝禮折破後，裝飾在服裝上，並且大大方方在父親面前表現。宰相看到愛女的打扮，心裡尋思：

「阿練比丘不可貌相，真不是好東西，我給他那樣珍貴的答禮，自己不用，反而拿來騙女人，實在可惡極了。」

從此以後，毫不知情的阿練比丘又去拜訪宰相了。誰知宰相不但沒有像平常一樣出來迎接，反而看他的臉色不高興，阿練比丘心知有異，料想必定有人在暗中破壞彼此的友誼，便馬上躍上天空，展現十八變化，當場證明自己的持戒有多麼踏實。宰相一看，才深深佩服，馬上偕同夫人向阿練的腳作禮致歉，十分慚愧，恭敬之情比以前更甚，同時把三藏法師跟愛女驅出國外了。

【佛理今釋】——要人供養和尊敬，自己先得嚴謹持戒，真實修行，而不是只披上袈裟，理掉髮絲而已，後者只是表面或形式，出家修行重在確實與否，此外無他……。

聰明懂事，精通諸經，若無實修功夫，與凡夫無異，不太可能令人起恭敬心，例如故事主角三藏法師，對自己的哥哥還會心生嫉妒，設計排斥他，這有什麼修行?難怪宰相看穿他後，馬上趕走他，可見宰相是一位善知識，通情達禮之外，也能辨別善惡，值得讚賞和肯定。

55 惡性難改（雜寶藏經卷第三）

波羅㮈國有兩位大臣——斯納和惡意。斯納平時循規蹈矩，忠於職守。反之，惡意喜歡胡作非為，愛好詭辯與陰謀，自欺欺人。他們對於每件事務都會意見相反，以至惡言相對。有一天，惡意想要陷害斯納，便向國王密報，斯納意圖造反，應該防範於先，不要大意。國王聽了不問青紅皂白，便將斯納捉入牢裡。這時，諸天善神都在空中大聲警告國王：

「斯納是位大賢臣，沒有犯什麼罪被關起來，乃是違法的事。」

龍神也跟諸天善神一樣，向國王再三警告，而且群臣、百姓都紛紛稱讚斯納的忠誠，埋怨國王因為莫須有的罪名，將他幽禁在牢裡。這一來，國王始知事情的真假，便放了斯納，而惡意的詭計也徹底失敗了。

不料，沒隔多久，惡意又改變方式來圖害斯納了。原來，他暗地裡拿出國王倉庫的藏金，巧妙地藏到斯納的家裡，讓人發現是斯納幹的好事。不料，國王不相信這種事，反而直言指責惡意說：

「你恨斯納，才會施鬼計來陷害他。」

接著，國王下令斯納負責懲罰惡意。雖然以前屢次被害，受盡苦楚，但是，他一點兒也不恨惡意，反而諄諄勸誘對方，並要求國王赦免他的罪。這時候，他表面上洗面革新，殊不知暗地裡造了一個箱子，裡面暗放兩條毒蛇，箱外裝飾美觀，呈現給國王。此外，他再三稟告國王，只讓國王和斯納兩人觀賞，而千萬別讓別人瞧見。

國王好奇心重，接到箱子後，趕緊叫斯納前來，想要一起打開來看個究竟，誰知斯納機警過人，幾次勸阻國王說：

「遠來的東西，大王不宜親自打開來看，遠來的水果，也不能隨便拿來吃，壞人的心態與作為，不能不小心呀！」

不料，國王不肯聽他的諫言。

「如果不聽微臣的話，大王自己看好了，恕我不想陪大王一塊兒看了。」

到了這種地步，國王果然自己開了箱觀看。這一來，國王的雙眼即刻失明，眼前一片黑暗。幸好忠心耿耿的斯納不忍心看見國王這種狀況，憂慮之餘，決心要拯救他。於是，他派人到處去找尋妙藥，來醫治國王的眼睛。

皇天不負苦心人，不久，國王的雙眼被醫好了。

【佛理今釋】——有些人惡性難改，是來自先天，還是後天呢？實在值得思考。若依佛法說，不完全出自前輩子，幾乎都是後來環境造成的，因因緣緣，才變成惡性重大的人。屢次遭受對方陷害，心裡難免埋怨、憎恨和憂愁，一旦有報復機會，恐怕誰都不會放過，殊不知這就是凡夫！

倘若有深厚的修行，領悟佛教的智慧，便會以德報怨，發揮人類最崇高的德行，無如，這是極難的修行，也是菩薩行為，可當學佛人的範楷。

沒錯，周邊的好人、壞人很難查辨，尤其，身為主管也不易分辨部下的心態，除非要共處一段歲月；倘若有過一段日子還分辨不清良莠與善惡，便是自己愚蠢顢頇，以後會自食惡果，好像這位國王的例證一樣，值得警惕。

56 用仁慈心消毒

（雜寶藏經卷第七）

一位婆羅門的兒子叫做無害，顧名思義，他天生就沒有半點兒害人之心，而且也不曾撒過謊話，一天，無害勸告父親，外出做事要避免無益的殺生，凡事要小心，誰知父親不同意兒子的話，反而振振有詞表示，出門在外，極難避免無益的殺生，甚至難免踩死路邊的昆蟲，無害不同意父親的觀點，寧願抱持自己的理想。當他發現父親不可能改變立場時，便打算捨命去實踐自己的理念了。

有一天，他來到毒龍棲息的泉水畔，坐著等死。當時，誰都知道看見毒龍，都會聞到毒氣，而當場斃命的。身為父親的婆羅門，明白兒子的行動與苦心，便派人到處找尋兒子的下落，結果好不容易知道他的去處。婆羅門急忙跑來察看，又驚又怕，大聲叫嚷：

「我兒子從來沒有害人之心，毒龍的毒氣必須消去才行。」

說也奇怪，毒氣果然消失，讓無害沒有死去。

【佛理今釋】——現實裡當然沒有這種事。但寓意吉人自有天相，只要平日一心向善，便有無數善緣繞在身邊，可使邪氣邪事靠不近。所謂邪不勝正，避之惟恐不及，果然有真理存焉。

57 臨危不懼，化險為夷

（雜寶藏經卷第八）

波羅棕國有一位大臣叫做比圖醯，天資聰明，極有智慧。因為他常用佛法協助國王，無形中感化了國王，和滿朝文武大臣。結果，他們也努力修習善法了，也使全國上下都很信任和敬仰他。當時，連明相龍王也不時上門來領受他的教誨。不料，龍王太太目睹丈夫經常外出，忍不住醋勁大發，胡思亂想起來。之後，牠一直想殺害比圖醯，要喝他的血，牠懷抱這股恐怖的願望，暗地裡等待機會，這時，一個夜叉鬼平時跟龍王夫婦頗有來往，友誼極佳，有一次，牠向龍婦私下獻計：

「我有一計可以殺掉比圖醯，把他的血端來給你喝。」

牠們私下約定好了。之後，夜叉鬼向龍宮借用一顆如意珠，同時化身為一個寶石商人，潛入波羅棕國，積極設法去接近國王。有一次，夜叉鬼用如意珠向國王打賭，當時，比圖醯也在場，他們想把如意寶珠贏過來。

不料，結果被夜叉鬼獲勝了。其實，對方不要王城的一切寶物，反而要得到比圖醯。所以，牠當場吐露心跡：

「我可以獻上如意珠，換得比圖醯到手。」

因為雙方有言在先，可以打賭一切，所以國王愛莫能助，只好把人交給對方，而比圖醯也知事已至此，只好隨他而去。他覺得對方寧願呈獻如意珠給國王，其他一切賭物都看不上眼，卻偏要求自己去，心態令人起疑，比圖醯暗忖，其中必有緣故，只好隨著他走，而對方一問三不知。最後，對方被問得不耐煩，才老實答說：

「明相龍王的夫人，想喝你的血啊！」

「你不能殺我，乾脆帶我去龍王府吧！若要得到我的心臟，先要得到我的智慧，若想喝我的血，先要得到我的法。總之，你不能殺我，快帶我去好了。」

化身商人的夜叉，聽了比圖醯的話，深感他是名符其實的智者，便立刻帶他去龍王府，龍王夫人率領眷屬聽他的說法，頓生無限歡喜與尊敬。接著，夜叉和龍王夫人等都願意接受他的戒法，並贈他一批奇珍異寶，以表謝忱，不消說，比圖醯不但沒遭對方殺害，反而安全返國了。回來後，把部份寶物呈獻國王，其餘分贈給許多人。

【佛理今釋】——人生在世，會有無數危難和險關，不論聰明或愚人都不能例外，但吉人天相，善緣善報最重要，若不得已碰到時，不要驚慌，先得冷靜分析，有果必有因，到底什麼緣故碰到這種難關，之後靠機智去化解，才能化險為夷，安然渡過。

有人天資聰明，或精明能幹，但千萬不要鋒芒畢露，容易招人嫉妒，或被人陷害；為人處事要能兩面俱到，和睦圓融，不是光靠自己的才智就能解決一切，也要善用別人的助緣，皆大歡喜最要緊。否則，只要對方稍微動手腳，或暗中唱反調，便不能圓滿成功了。

58 望梅止渴，亦甚方便（法華經第三）

某地方有一座大寶城，全由七種非常稀奇的寶物所造成。雖然那是個好地方，非常令人嚮往，無奈，去那裡要費時五百由旬，且要經過十分艱險的道路。一路上不但遠離人跡，且無水可喝，也看不到一根草，除了成群的兇猛野獸，什麼也沒有，這對於旅客來說，真是可怕極了。有一次，一群人計劃突破這條險路，擬往那座寶城。幸好其中一位嚮導聰明機智，見多識廣，也很熟悉險途地理。然而，一群人行行復行行，一路上飽受折磨，便忍不住問他：

「我們都疲憊了，再也走不動，前途還很遠，不如打道回府。」

果然，他們說得出做得到，再也不肯走了。嚮導暗忖：

「好不容易走到這兒，若中途回去，未免有點可惜。」

他一想到此，忽然想出一種方便法，只見他大顯神通，越過三百由旬的險道，迅速在路邊搭建一座大城，之後回來對那群疲憊的人們說：

「大家不要喪氣，你們不是看見對面的城市了嗎？何不先進去休息一下，待體力恢復之後，才去藏寶的地方，之後再回家鄉不更好嗎？」

他們被嚮導一陣鼓舞，馬上精神煥發，睜大眼睛瞭望對面的虛幻城，然後興奮地說：

「我們果然望見那個休憩地點啦！可讓我們充分休息，恢復疲勞了。」

大家一面發出歡喜的叫聲，一面慢慢走進城裡，進去一看，裡面有各種建築物，四周圍繞花草樹木、河流、池塘和水溝，高殿內尚有一群年輕男女在玩耍。不料，他們正在歡欣之際，便懶得走了，只想坐下來。

嚮導目睹他們的疲勞消失，精力恢復，便立刻剷除掉這座虛幻城了。

「諸位趕緊走吧！這裡只是暫時休息的虛幻城市，也是我臨時搭造的方便城，藏寶地點快到啦，提起精神走吧！」

大家幸好都恢復了體力，便勇敢地越過險道，馬不停蹄地前往目的地了。

【佛理今釋】——證悟成佛是一條漫長的修行過程，不少學佛的人會中途停頓，缺乏恆心、耐心和決心，以致不能證果，甚至轉變成外道，那麼，若能有明師為他們設置方便城，讓他們稍微受用法喜，之後，再接再厲，以至圓滿成就，可真是最好不過了。否則，一切靠自己想辦法了。

為人父母，或身為主管、統率、教師，尤其要懂得方便城的妙用，才能激起兒女、士兵與學生們的共鳴，達到自己所設想的目標。所以，方便法是非常符合教育原理的智慧，直到現在都很管用。

懂得這套方法，便是機智的證明，可見佛法歷時兩千年，仍然光芒萬丈，正是因為它有如此殊勝的特點。

59 「間接」勝「直接」（法華經第六）

某地有一位出名的優秀醫生，不僅天資聰明，而且診斷與藥方都很高明，故能醫治一切疑難雜症。

他是一家之長，膝下子女有一百多人，有一次，他有事到國外了。不幸在他出國期間，孩子們誤食了毒藥，毒性發作時，孩子們叫苦連天，紛紛倒在地上打滾，哀聲哭泣。剛巧在他們哀嘆聲中，父親旅行回來了。喝下毒藥的孩子們，有些因為毒害失去了本性，而有些還不致如此。不過，他們發現父親回家來，也都歡喜不已，拍手叫好：「爸！幸好你平安回來，因為我們太笨了，才服下毒藥，現在苦不堪言，快救我們呀！爸爸。」

這位醫生父親聽到兒女們熱切的期望，又目睹他們狼狽的苦狀，為了要使他們都肯服藥，便考慮各種藥方，兼顧色、香、味三方面，才調製成完美的草藥。接著，便送到孩子們面前，勸他們趕緊喝下。

「這是最好的藥品，不論色、香、味任一種都是最棒的，你們還不快喝下去？這樣才能解除苦痛，得到快樂呀！」

一群兒女們裡，有些還未失去本性，聽了父親的吩咐，一口氣把良藥喝下去，果然藥到病除，從苦惱中得救了。但是，仍有一大半失去本性——正常心理狀態——的孩子，雖然知道父親的醫術高明，藥物有效，卻怎麼也不想喝藥。原因是，他們的本性被傷害得太嚴重，昧於良藥功能，才遲遲不肯服用。這一來，父親心裡尋思：

「這些孩子笨得可憐，心態被毒害得太深了。雖然看我回家歡喜，也知道我忙著治療，卻不肯服用我的藥方，看樣子我要用一種方便法，好讓他們趕緊喝藥才對。」

一想到此，他心思一計，便慢慢地告訴他們說：

「孩子們，爸爸年老力衰了，死期快到，而今我把妙藥放在這兒，你們快喝下，只要服用它，自然能使病情痊癒，脫離苦惱。」

父親留下遺言後，又匆匆出國去了。之後派人通知他們說：「你們的父親不幸在前幾天死了。」

迷失本性的孩子們聽說父親死了，悲痛萬分，心裡想：

「如果父親活著，會滿懷慈愛，想盡方法替我們治病，認真照料和守護我們，而今不幸離開人間，死在他鄉了。母親去世得早，現在父親又去世，我們成了一群孤兒。如今唯一能替我們治病的東西，只有父親留下那些草藥了。」

他們在痛哭流涕之餘，終於清醒過來，也想起父親臨走前留下的草藥，色香味都是一級棒。他們紛紛服下後，中毒甚深的病也痊癒了。遠在國外的醫生父親，仰望藍天，十分思念兒女們，不久，聽到孩子們病癒的佳音，才立刻踏上歸途，回家後談起事情的經過，親子相抱，全家又恢復往常的歡樂了。

【佛理今釋】——當然，佛陀正是偉大的心理醫生，為了救濟早已失去本性，正在煩惱的芸芸眾生，便屢次運用方便善巧來顯示涅槃，在弘法期間，他為了接引迷妄的無量眾生，不時活用各種方便，會把生說成死，這不能說他是虛偽或撒謊。

世間的眾生實在太複雜，例如知識水平、價值觀念、健康狀況、種族區別、社會職業、身份地位……簡直成千上萬、千差萬別，這時候，若只用一種方法向他們解說，顯然，只有一少部份人能夠接受，而其他絕大部份人照樣不懂，那麼，為了要讓大家全都能受用，或皆大歡喜，就得用各種不同方法，向各種不同根性的人說明，這是不得已的最好方法，也是大家常識上可以接受的。

總之，佛陀疼愛天下眾生，就像父親熱愛兒女一樣。

60 名實不符，原因何在？

（大般涅槃經第八）

某國有一位王子結交一個窮漢的朋友。王子非常喜愛一把淨明刀，不料，那個窮漢也一樣喜愛這把刀子。後來，王子乾脆拿了這把愛刀逃到別處去。可是，窮漢始終惦記這把淨明刀，竟然在夜晚也口中念念刀、刀，夢話說個不停。聽到他說夢話的人，總認為事有蹊蹺，懷疑他有神經病，索性把他捆起來，送去見國王。國王問他：

「你在夢中不斷說刀、刀、刀，若真有刀就快獻出來。」

「大王！我哪有什麼刀，縱使大王要削去我的身體，割裂我的手腳檢查，我也拿不出什麼刀來。只不過以前我跟王子交情極好，他帶我到宮裡遊玩，常看到那把刀，但根本沒有碰過它，如此而已，自己實在沒有什麼刀。

「既然這樣，那麼，你看到那把刀的形狀如何呢？」

「它像羊角一樣。」

國王聽了笑起來，說道：

「不對，我們倉庫可沒這種刀。你在王子房間怎能看到根本不存在的東西？」

國王說到此，又向群臣說：

「有沒有人看到他剛才說的刀呢？」

群臣都答說：「根本沒有看過。」

國王始知這個窮漢說話不實在，簡直在胡扯。後來，國王去世，逃到國外的王子回國繼位。一天，他問群臣：

「你們有誰看過淨明刀嗎？」

「我們都觀賞過了。」

「那麼，它的形狀如何呢？」

「大王，它像睡蓮。」

「大王，它像羊角形狀。」

「大王，我看它如火塊一樣通紅。」

「大王，它像一條黑蛇。」

群臣的回答，各不相同，但誰也不曾觸及淨明刀的真狀。凡夫俗子說的「我」，也是這樣，如果問他「我相」如何？

「如同大拇指。」

「幾乎像米粒。」

「像稻子粒一樣。」

「所謂我，乃住在內心裡，像火一樣在燃燒。」

雖有各式各樣的答案，但每個答案都不曾觸及「我」的實相。正如群臣不知刀的形狀一樣，佛說的真我，乃冠以佛性之名，譬如淨明刀的情形。

【佛理今釋】——對於同一種事實現象，每人的觀點差別極大，包括見仁見智，正邪不分或對錯參半，原因是眾生的根性不同，水準不一，但有一點不能否認的是，有智慧的人到底極少數，而其餘的人大都很懵懂，不明真相，各說各話，結果都不對，實在需要有智慧的人來接引；反之，有智慧的人，應該義不容辭來指導他們才對。

本篇有兩大主題，一是看到真相的人，未必能說出或說清楚真相的本質，結果，說出來無法取信於人，等於白說，甚至被人誤解為胡扯一頓，這樣對世間沒有益處；二者是不曾目睹過真相的人，隨便亂說，或人云亦云，造成一片混亂，引發更大困擾，結果也於事無益，兩者都因為缺乏智慧，實在可嘆可悲。

61 甘露與毒藥

（大般涅槃經第八）

有一天，釋尊從各個角度向迦葉尊者說明佛性，之後把話題轉到大乘經典，那是引發佛性的東西。

「迦葉，大乘經典是長生不老藥，它既似甘露，又像毒藥。」

「世尊，甘露與毒藥是相反的東西，而你說大乘經典既是甘露又是毒藥，我可不懂什麼意思。」

「迦葉，你想明白如來秘藏的真諦嗎？」

「世尊，我很想明白，請你說明吧！」

於是，釋尊作偈語說明：

「凡喝下甘露的人，既不傷害性命，也不會早死，
凡喝下甘露的人，既能得到長壽，生活也會豐富。
凡喝下毒藥的人，就必須開闢活路，
因為喝下毒藥，只有登上死亡之路。
記住，同一種大乘，既像經典，
又是甘露，有時也可以形成毒藥。
不論醍醐或石蜜，如果喝下去能夠消化，就會成為妙藥，如果消化不良，就會成毒藥，兩者的道理一樣。

佛指示的大乘又何嘗不然呢？對於智者是甘露，

能讓他攀上涅槃之峰，成為人中的眾王。
天下蒼生，如像你一樣有佛性，
又能品嚐無上甘露的話，那麼，就能脫離生死苦惱。
如有人深悉佛、法、僧三寶，
不久會悟得佛性，進入如來祕藏裡。

【佛理今釋】——因為每個人的根性能力不同，凡事要量力而為，譬如體力可以擔負千斤重量者，那麼，遇到千兩黃金既能擔起來跑回家，鍛鍊體能，考驗腳力，而且有了巨量黃金，也能成為巨富，沒有生活之憂，多做善事，真是歡喜之至。反之，如果體力衰弱，只能擔負百斤重量者，縱使遇有千兩黃金，也不要貪心，偏要擔著龐大數量，這樣準會被壓死的，應該憑自身的體能，著一百兩就夠啦，千萬不要妄想全都搬回去，佔為己有。所以，吃補藥也一樣，要看個人體質來決定，如果不適合，那麼，補藥也會變成毒藥，吃下後消化不良、不符合體質，豈不傷害身體?這樣不吃也罷，學童上補習班也一樣，有些學童適合某種程度，既能吸收，又能增長學力，但對於某些學童造成重大的壓力，有害身心發育，不補也罷。

學佛有淺有深，解除苦惱亦有八萬四千法門，不妨選一適合自己的法門精進，才會有成就，有受用。

62 別忘人人皆有寶珠

（大般涅槃經第八）

某地方有一位大力士，眉目間閃爍著一顆價值連城的金剛珠，有一次，他跟其他一位大力士摔角時，不知不覺用頭顱碰及對方，額上的金剛珠被對方猛力一打，便馬上深入皮膚裡去。待摔角完畢，大力士才發覺金剛珠不見，驚訝之餘，到處找尋，無奈，始終不見蹤跡，當然，他不知道珠子已經深入肌膚裡面，因為他一直不知道珠子位置。之後，傷痕出現，只好去看醫生了。不料，醫生察看一下傷口，便明白病源是珠子深進肌膚裡頭的緣故。

「你額頭上的金剛珠怎麼啦？」

醫生不提傷勢和檢查結果，反而突然問起金剛珠，倒使大力士嚇一大跳。

「你問我前額的珠子，你怎麼知道，我不知它到哪裡去了。」

大力士把話說到這兒，卻對秘藏金剛珠一事十分惦記，甚至有極深刻的愛著，而今被醫生一問，也忍不住掉淚了。醫生明白他的心意，馬上安慰他：

「你不必操心，因為你用力過猛，反彈之力，硬把珠子坎入肌肉裡面了。現在外邊看不到珠子的影子，由於全心全力在摔角，才不知珠子事實上深入肌膚裡去了。」

誰知大力士不相信，心裡暗忖：

「如有寶珠在肌肉裡，怎麼可能不流出骯髒的膿血，若深入皮膚裡面，怎有可能讓肉眼看得見？他在騙我嘛！」

「你說珠子在肉裡，我不相信，原來你想騙我？」

這一來，醫生只好拿出鏡子照著大力士的臉，果然沒錯，珠子的影子蠻清楚地反映於鏡中，連附近的情況也能看出來，大力士不勝驚訝，尤其感到奇怪，欣喜之餘，便像剛才一樣地陷入奇妙的思索裡。……

【佛理今釋】——顯然，這位名醫譬如佛，而金剛珠譬如佛性。其實不僅大力士有金剛珠，天下眾生也都有這顆寶珠，意謂大家都有佛性，即天下蒼生都有成佛作祖的特性，不幸，眾生被貪慾、瞋恚、愚痴等覆蓋，才沒有機會親近良師，也不知自己有價值昂貴的佛性，結果，陷入地獄、畜生、餓鬼和阿修羅世界，有些出生人間，便現出貴賤、貧富等形形色色的樣相了。

再從另一角度說，良師或名醫最好能挺身而出，自動去替人看病，或明示大家，自己身上都有昂貴的金剛珠（佛性），千萬要自覺，再設法挖掘出來，同時教示怎麼樣挖法，好讓大家都能如願得到，也就是法喜充滿，這是最可敬的大乘佛教的精神。

還有一點更重要的是，既然知道有寶珠或佛性，也明白它藏在何處？最後要靠自己去挖掘或修行，別人或良師不能幫你太多忙。所謂「師父引進門，修行在個人。」

倘若挖不出寶珠，等於被貪婪、瞋恨、愚痴所影響，才不能學佛和成佛，苦惱的根源就在這兒。

63 捨本求末，終非目的

（大般涅槃經第八）

雪山有一味藥叫做樂味，是一種極甜美的藥物。它生長在茂密草叢裡，才無人知道它的存在。

從前，轉輪聖王為了要把雪山的樂味傳給世人，便到處製造木盒子，方便樂味可以經由木盒流出給眾生，不愧是精巧設計，況且此藥一熱，會從地裡流出，開始通過木盒子，由於藥味甜美極了，才能歡悅世人，被人看作非常珍貴的異藥。

不久，轉輪聖王死了。昔日極甜的樂味，就成了醋味、甜味、苦澀味、辣味或淡味似地，經過流通的木盒了。它原本是一種味道，而今反而變成各種味道了。那麼，藥物原有的味道，仍留在雪山裡。

後來，有一群凡人往雪山找尋樂味的源泉，儘管拚命挖掘，卻始終不見蹤影。不久，轉輪聖王又出世了，由於豐富的福德因緣，大家才能再度品嚐到樂味……。

【佛理今釋】——這也是寓言故事，但明顯指出人性也是如此，在煩惱叢林蓋覆下，讓世人始終看不見它，因為太多煩惱，才呈現地獄、畜生、餓鬼、天人、男女、貴賤和貧富等諸相。一味藥譬如佛性，而各種雜味——醋味、苦澀味、辣味……等譬如地獄、餓鬼……等各道。

學佛的人不要迷戀那些雜味，那是捨本，因為根本仍是在雪山上，它才是樂味，即原來的佛性，只有它才能使人真正離開苦惱，得到歡喜。

64 滴水永存，猶如善根

（大悲經第三）

有人拔起一根頭髮，只見那根百分之一的頭髮尖端，沾濕一滴水，拿到釋尊面前說：

「世尊，我把這根頭髮的水呈給您，目的是不希望它有所增減。同時，希望別因風吹日曬，而使水滴枯乾。請您特別警戒，鳥兒或野獸來時，別讓牠喝掉了水，希望別跟外面的水混紊，也別放入容器，擺在地上。總之，這些要件都要考慮到。」

保留一滴水要求這些困難條件，釋尊也欣然接受了。接著，釋尊將它放進恆河裡去。顯然，這一滴水如滄海之一粟，放進恆河裡，既不嫌麻煩，也不必擔心鳥獸來喝，一面能保持不增不減的狀態，一面隨著恆河的水流，悠悠前往的路上。依照釋尊的灼見，即使世界的毀滅時刻來臨，這一滴水在大海裡也能持續不增不減的狀態。因此，那位捐獻的主人來問：

「那滴水怎麼啦？」

釋尊也隨時能從大海裡掏出滴水來，顯示給捐獻主人過目，好讓他放心。

【佛理今釋】——不要光從文字表面看，宜深一層去思考文字外的內涵才好。毛髮頂端譬如人的心意識，恆河譬如生死河流，一滴水等於微妙的善根，大海無異佛。捐獻主人譬如婆羅門、長者、居士等人。換句話說，即使如毛髮頂端沾濕一點水滴的善根，只要涉及佛道，也照樣有永恆的生命寄寓著。

俗語說：「勿以善小而不為，勿以惡小而為之」，別小看小善、小惡表面上微不足道，殊不知它有不可忽視的大作用。

例如，小善依舊光芒四射，讓人讚嘆不絕，而小惡亦有可怕的殺傷力，星星之火也能燎原，便是例證之一，事情成敗的關鍵往往出在那麼一點點因素，牽一髮而動全身，也是例證之一，學佛的人不能等閒「小」的功能。

65 宏揚佛法，任重道遠

（大悲經第三）

有一位長者的財產幾乎接近無窮盡，每個倉庫幾乎裝滿數不盡的珠寶，且家庭圓滿，好像不缺乏什麼。有一天，長子出國旅行去，不料，長者本來有微恙，這時愈來愈嚴重了。名醫來診斷後，對於病人的壽命不抱任何希望，只有靜待臨終的時刻而已。可惜，遠在國外的長子不知情，面對這樣龐大的財產，病床上的長者十分憂慮，片刻後，他叫一位老朋友到床邊，委託他在長子回家之前，要小心幫自己管理遺產。

「我的長子不在身邊，遠在外國，我死以前趕不回來了，既然這樣，他尚未返家以前，請你幫我掌理所有財產，這事很麻煩，請你看在多年的交情上，不要推拖，如果孩子回來，請你將財產內容告訴他，也把財產轉交給它他。」

這位老朋友眼見長者快死了，毅然答應下來，之後不久，病人一命嗚呼，接著，他的長子也回來了。不料，那位管理財產的老友，竟然不將保管財產的事透露出來，反而推說絕無此事。顯然，他存心要併吞老友的遺產了。

釋尊談到這裡，便問阿難說：

「阿難，不交出遺產，是誰的罪過呀！」

「世尊，當然是那位掌管遺產的老朋友了。」

「阿難，那位高貴的長者譬如如來，臨終譬如佛的涅槃，長者譬如未來世的善男善女，無限的財寶譬如無上大法，答應為友人保管財產的老朋友譬如你、聲聞與菩薩大眾。」

【佛理今釋】——既然有龐大的財富，應該讓社會大眾分享，不能佔為己有，縱使長子能繼承家產也一樣，要用它來利益眾生。至於受人之託不能忠人之事，反而把心一橫，併吞別人的東西，絕對不應該。倘若這筆財富等於佛法，那麼，懂得佛法的人，要義不容辭將它公布出來，讓芸芸眾生受用。放眼當前，佛教界一群善知識理應反省自己，是不是竭盡所能把絕好的佛法宣揚出來，若答案是否定，就要趕緊努力弘揚呀！

66 天上地上唯我獨尊（大智度論第十）

某地方有一種樹叫做好堅，長出地面以前，它會在地下潛伏百年之久，找尋適當時期，才會露出地面。一旦長出地面，一天便能長成巨樹，高達一百丈。不過，好堅樹自以為是剛出生的嬰兒，看看那邊有樹木，便會躲藏在它的樹蔭下，當做自己的師父或尊親，雖然四下瞭望，無奈，附近的樹木都很矮小，這一來，它也不能找樹蔭藏身了。當它對地面的樹木深感失望時，森林之神便現身說話了：

「好堅樹呵！你何必悶悶不樂呢？世間那有什麼樹會比你更高大呢？這一帶的樹林全都置身在你的蔭影下，你是夠大的嬰孩哩！」

佛也是這樣，無量期間在菩薩位上，累積許多修行功德，才出生此世，他在菩提樹下的金剛座上，悟得諸法的真相，而後大徹大悟，當時，佛親口說：

「無人足以侍奉為師，如果有，我會致以最大的供養與恭敬。」

大梵天王等諸天聽了立刻說：

「世尊是世上最高的師尊，而這個世間沒有比您更崇高的尊者了。」

佛是好堅樹，而諸天是森林裡的樹木。

【佛理今釋】——有人前世有修行，一出生便有好體質，加上後天環境良好，不愁吃穿，講求營養，自然會長出高頭大馬，一副好體格、好身材，不論站在哪裡都不輸人，反而像鶴立雞群，這是先天條件均佳的緣故。

悉達多王子出身王族，也是前世累積無數功德所致使，後來證悟成佛，得力於自己精進再精進，而不是有誰在接引他，既已成佛了，便是人天導師，唯我獨尊，成了普渡眾生的始作俑者……。

凡是領悟佛法的善知識，都應以好堅樹自擬，不遲疑、不畏縮，挺身出來破邪顯正，救渡眾生的苦惱，才是責無旁貸的事業。

反過來看，好堅樹能出乎其類，拔乎其萃，也要靠周邊森林默默地襯托與護持，才會顯得格外的俊拔哩！

67 破戒失去功德

（大智度論第十三）

某地方有一個窮漢子，雖然潦倒得很，但仍敬畏上天，長年都在祈禱希望早日享有富貴的生活。他也十分虔誠，從來不忘供養，天帝也被他的至誠所感動。有一天，天帝現出高貴的身份來問他：

「你能長期供養，還算不壞，不知你想要些什麼呢？」

「天人呵！我只想要財富，之後我想用它來施捨給所有的世人，這是我多年來的心願。」

「原來如此，你把這個瓶子拿去，它叫做德瓶，因為你想要什麼，它便能流出什麼來，你可要好好保管。」

窮漢子眼見宿願已償，十分高興。之後，他由一個窮人，馬上變成腰纏萬貫的大富豪了。天人得說沒錯，這個「德瓶子」無所不能，要什麼有什麼，任他隨心所欲，也取之不盡。住宅、象馬、車輿等當然不在話下，連七寶等也一一俱備。只要有客人上門，他就看情形給東西，來人絕不會空手回去，於是，所有客人對此事也不覺得稀罕了。

「以前，你貧困潦倒，而今成了大富長者，怎麼回事呀？」

「以前由窮神長期照顧，才會這樣潦倒，而此次得到天人送我一個瓶子，我才能償還諸位當年照顧我的恩情。」

「原來如此，那麼，這個『德瓶子』能讓我們瞧瞧嗎？」

因為這群客人都是當年的恩人，他不好拒絕，只得馬上拿出來。同時，讓他們驚訝瓶子能夠當場流出一切東西。不料，一個客人高興之餘，忽然跑到德瓶子上面站著跳舞。這一來，瓶子猝然破裂，裡面無數的寶物，馬上都消失了。

【佛理今釋】——持戒者好像窮漢子，會得到各種妙寶，而破戒者會像那個打破德瓶子的人，讓什麼寶物都消失了。破戒者等於失去功德，得不到人家的敬仰，彷佛枯木遭人遺棄。修行非常重視守戒，否則，心不能定下來，之後更不能生出智慧，最後會一無所成。說淺顯些，守戒即老百姓守法律，不守法便天下大亂，沒有安定幸福的生活。

在家人學佛起碼要守五戒——不妄殺、不偷盜、不邪淫、不喝酒、不妄言。倘若不守這些戒條，能否得到安定美滿的生活，便可想而知了。其實，這些戒律都是生活法則，既不神秘，亦無特殊，都是很普遍的規範，至於出家戒律就複雜多了。無如，守戒修行才能證悟呀！

68 如意珠的功德無量

（摩訶般若波羅蜜經第十）

有一天，釋尊對徒眾講述下面一則故事：

假如現在有一顆無價之寶——如意珠，擱放如意珠的地方，連惡魔與魔民都不能接近。倘若有人患熱性病，只要拿如意珠觸摸身體，熱性病便能馬上解除。至於其他感冒或冷性病，若用此珠去觸摸也能治癒。若放在黑暗處，此珠會發亮；炎熱時，此珠會使人涼快；寒冷，會令人溫暖；只要珠之所在，寒熱會自然調和，使人不覺得苦惱。放如意珠的地方，連毒蟲都不能止住，倘若有人被毒蛇扎上，只要將此珠放在傷口，毒氣便會自然消失。

若有人患了眼疾、皮膚病或耳鼻等病，只要顯示或觸摸如意珠，病情會立刻痊癒，縱使得癩病、腫皰等怪病，只要用此珠觸摸身體，傾刻間，便能解除病痛了。

倘若將如意珠浸在水裡，水會成一色，若用青布將此珠包好放在水裡，水色全都會變黃，如用黃、紅、白、赤等布包好，放進水裡，水會變成各種顏色。

如將此珠放入污濁水裡，污濁水也會即刻變成乾淨水，由此可見，如意珠的功德有多大！

般若波羅蜜也似如意珠一樣，具有許多偉大的功德，只要肯受持、供養、恭敬、尊重與讚嘆，那麼，他就不會著惡魔的道，而後逐漸開悟了。

【佛理今釋】——現實上當然沒有如意珠，但是，佛法的智慧就像如意珠，因為它能讓世人出離生、老、病、死等煩惱，世人若想擁有它，只有信受奉行佛教的智慧。光用嘴巴說，如意珠得不到，等於生活的快樂享受不到。不分族群、文化背景、年齡、性別……都有資格得到佛教智慧，問題在自己肯不肯受持它，恭敬它而已？

69 兩者心態，不能並論 （大寶積經第八十八）

有一次，釋尊開示彌勒菩薩說：

「彌勒呵！為了救度世間生靈的苦惱，你不能珍惜生命，應該不惜一切代價，全力以赴。譬如一位長者只有一個獨子，生性孝順。家庭在物質與精神方面都很舒服，真是安樂家庭。不料，世事無常，這個安樂家庭突然遭到巨變了，有一天，全家老小和男女僕傭，猝然被捉入監牢，所有財產也全被沒收了。下令逮捕長者的國王，把長者叫出來，厲聲下令：

『有一座城市距離這裡約有一百里路，倘若你能在七天內來回一趟，那麼，我不但可以救你一命，也會赦放你的妻兒和親屬，發回你的財產，而且也能封你為官，重重有賞；反之，如果你做不到，我就要取你們全家的性命。你快走吧！』

在這種情形下，長者除了愛顧自身的性命、獨子、妻妾、男女僕傭以外，當然也珍惜所有財產了。於是，他跋腿就走，不眠不休、晝夜不停，只要有一口氣，他的雙腳就不會停頓，果然在七天內，來回走了兩百里路。

這位長者的勤行，當然是基於熱愛自己及家人的性命，但是，菩薩行的精進，卻是為了天下蒼生的苦惱，想把他們從生死輪迴中拯救出來。出發點是大慈大悲，若比較兩者的心態，那麼，長者的勤苦還不如菩薩的千百億分之一。」

【佛理今釋】——凡聖的區別，從某方面說，全在公私的作風。倘若終生打拚，只為自家享受，顯然是凡夫心態；反之，若一心一意為社會大眾謀福利，而不計較自身享受，甚至根本有「我」的觀念，就是聖人了。古今中外，都能用這項定義。俗語說：「人不自私、天誅地滅」，但菩薩行完全反其道而行，真正從大慈大悲出發，無疑是人間最高貴的情操。幸福家庭有善因善緣，但因緣也會變化，所以，再幸福的狀況也難逃無常，人人宜珍惜當下幸福。

70 老病人的珠寶

（大寶積經第八十八）

某地方有一位高齡的一百二十歲的老人，長年患病，輾轉於床第之間，十分痛苦和衰弱。

有一天，一位大富長者攜帶所有財產來訪這個臥病在床的老人，苦苦哀求他說：「老人家，你臥病多年，一定很苦惱吧！我今天來訪，因為我有急事必須出國一趟，少說也要一、二十年才能回來，如今我身上懷有珍寶，要請你幫我妥善保管，等我回來好嗎？拜託你啦！」

這個央求真不近人情，難怪病患老人聽了拒絕說：

「我現在躺在病床上，朝不保夕，你要我保管珠寶財產真是令我為難極了。」

其實，長者的意思是，要把這些奇珍異寶施予老病人，目的在安慰他年老病重，無依無靠。結果，長者乾脆把珠寶放在對方的枕頭邊上，就自行離去了。

雖然，老病人躺在床上看守珠寶，殊不知他是膝下沒有子女，又無故舊的孤獨老人。長者離開後不久，老病人終於病逝。接著，所有珠寶也失落了。幾年後，待長者回國來訪他時，當然什麼也沒有了。

【佛理今釋】——讀後第一個印象是，大富長者很不聰明，因為所託非人，對方不是管理珠寶的理想人選，與其託他保管，不如另作處理。至少要讓珠寶發揮巨大的功用，意謂可以利益更多眾生，反而讓它莫名其妙的失落，未免太可惜了。

在佛教裡，聲聞是個人主義者，彷佛老病人的情形。既無究竟的智慧，也沒有相當的修行。同時沒有伴侶，在世的時間不多，縱使給予像珠寶之類的正法，不要多久，也會讓正法失落掉。

71 修行真諦，不外修心

（大寶積經第一百十二）

某年，釋尊住在王舍城的靈鷲山，有一天，釋尊向大迦葉講解心的內涵。

「迦葉呵！心是去勢如風，捉摸不到的東西。

心如水流，不會生滅止住；

心如燈火隱約，因應諸佛緣存在的東西；

這顆心像閃電，常會熄滅的。
雖然也像虛空，但它也會被外界的灰塵污染。
心像猿猴，貪迷六慾；
心像畫師，善於製造各種的業；
心如怨者，會給我帶來許多苦惱；
心如瘋象，會踐踏各種砂土，破壞所有善根，
心像蚊蠅，對於髒物也生淨想，愛著不去；
心像惡賊，會奪取各種善根；
心會貪迷，猶如夏夜的飛娥撲火；
心會執著聲音，無異軍人享受勝利的鼓樂：
心在貪戀香氣的情狀，猶如豬睡在髒地，樂此不疲。
心對於香味的愛著，猶如小孩或女人沈迷美食：
心常常愛戀摸觸，彷佛蠅蚊走在油漬上面。
迦葉呵！世人不該把持心相的原因，就在這裡了。」

【佛理今釋】——所謂修行，其實都是修心，因為身體行為和說話，都依心意

而來，心有所思，才有話說與動作。然而，修心又是何等艱辛的事。原因是，心相太難把持了。誠如本文所說，心的特性像水流，像閃電、畫師……怎麼定下心來是一門大學問。若依佛陀的經驗，心不定，便不能生出智慧，若無智慧，便不能斷煩惱了。

那麼，心要怎樣才能鎮定或清淨呢？那只有守戒了。所以，學佛修行的步驟是戒→定→慧。既然這樣，修心要從守戒做起，上述出家與在家都有該守的戒條，努力實踐最為要緊。

72 牛驢不同類，相處不容易

（佛說群牛經）

一隻驢子看見牛群在走，心裡暗想：

「他們生性溫順，到處去吃柔軟的草，喝清涼的水，我也想向他們看齊。」

接著，驢子擠進牛群裡，也學牛一樣曲折前腳，倣效牛叫的聲音，可惜，聲音始終改不過來，雖然，牠不停地說著，叫著：

「我是牛，我的確是牛哩！」

無奈，牛群一直不承認這個冒牌貨，紛紛走向前去，用牛角扎死了驢子。

【佛理今釋】——俗語說「物以類聚」，好人總喜歡跟好人一起，通常一般人也愛跟善人結善緣，日子才能平安無事，一旦有惡人騷擾或闖入，他們會一呼百應，馬上聯手抵抗，同仇敵愾的情緒也能高漲，維護命運共同體的存在。

正見與邪見是不同性質，等於水火不融，在現實裡正義若受到邪惡的威脅，為了自保，也應像牛群對付驢子一樣，不讓牠闖入才對。

在僧團裡，若有僧人不求精進，修習惡法，下場也會像驢子一樣，被逐出修行的行列。

73 自作自受，不能怪誰

（菩薩本緣經中卷）

有一天，一個蠢漢忽然動了拜訪岳父母的念頭，於是，他走了很長的路程，飢餓得不得了，好不容易才到達岳父母的家裡，但他進去一看，沒有一個人影，因為肚子實在太餓，便拚命張大嘴巴吃生米起來了，不巧此時岳父母正從外面走進來，一見面就問女婿說：

「你老遠走來，不知我的女兒還好嗎？你坐下來吧！」

無奈，他滿嘴都是生米，一句話也說不出來，他自知偷竊可恥，既不想吞下生米，也不敢吐出來。

「唉呀！你好像生病啦，快叫醫生來。」

岳父母十分緊張，很快把醫生請來了。因為他的嘴巴堅硬像塊石頭，根本不肯張開，害得醫生也無法，思索一陣子，只好用小刀挖開他的雙頰，既不見一滴膿水，也不見一點兒污濁，只見滿口的生米紛紛落地。

因為他想隱藏偷竊的行為，才會得到這種苦報……。

【佛理今釋】——處理態度不恰當，顯然是一種愚痴行為。倘若他肯實話實說，或當場表示慚愧與懺悔，也許能得到原諒，這像女人隱藏自己懷孕，生產時叫苦不迭，和哭泣的情形一樣。

所謂自食惡果，或自作自受，當如是也。

74 劣馬成良駒，並非不可能（生經第四）

一位長者飼養一匹名馬，但是，這匹馬起先很兇悍，一靠近就會咬人，若想騎上去，幾乎難如登天，非常不易馴服，也不管路途，只知亂闖亂跑，跳入溝渠，直衝城牆，可說十分難惹的劣馬。

主人是一位長者，對於這匹馬覺得很棘手，甚至有些憎恨。不過，他只會用力鞭打，並且不讓牠吃東西，旨在馴服牠，而馬也不懂主人因何要牠受這樣折磨，只有在痛苦時咆哮不休。牠在身心交疲下，昏昏入睡時，忽然聽天邊一陣清朗的聲音說：

「你只要肯順從主人，便不會痛苦了。」

馬兒聽了身心大振，次日清晨，當長者前來騎馬時，馬兒好像脫胎換骨似的，放上馬鞭，牠也不再飛跳，完全聽從主人的命令，奔向東南西北。同時，牠也會聽主人的意思停止，待牠獲得甘美的清水與良草之後，立刻恢復精神、體力大增，成了千里良駒。

不久，這匹馬產下兩頭小馬，誰知小馬成長後也不溫順，不肯服從主人。跳躍、蹣跚、橫飛、撲斷韁繩，不管怎樣鞭策，都不肯馴服。這一來，長者故意不餵食物，偶而才給點發臭的草吃和污濁的水喝。有一夜晚，牠們跑到母馬的地方訴苦說：

「不知主人為什麼憎恨我們呢？不餵我們食物和飲料，只讓我們挨餓，最多餵些難聞的臭草和臭水，都難以入口；另外，他用力鞭打我們，實在痛苦哩！而母親自己在這兒優閒安樂，未免太無情了，請你明白孩子們的苦衷啊！」

母馬聽了孩子們的埋怨，很憐憫牠們的無知，於是，開始認真教誨他們說：

「這完全是你們的不對，你們也不必恨誰。以後主人放好轡繩和鞍具，只要靜靜地等他上坐，聽命往前走，必定會蒙得憐愛。這件事不難做到，而你們根本不肯服從，才會吃盡苦頭，以後就遵照母親的話做吧！」

果然，從次日起，小馬不論前進或停止，都很聽從主人的命令，長者不禁大悅，才給牠們跟母馬一樣優渥的食物和安樂，這一來，母子才算心滿意足。

【佛理今釋】——開悟者的生涯，彷彿這匹名馬一樣，起先也很苦惱，一切舉動都要隨心所欲，不懂節制，幸好得到長老的仁慈，講述各種法，活用五戒十善的鞭力，並以地獄、餓鬼和畜生三道的苦痛來調御，才能得到安樂。

苦惱的根源，來自這顆心太放蕩，不聽指揮，世人若要免於如此，便要請教善知識怎麼修持自己這顆心。但是，修持心意不是三兩天的事，而是一輩子的生活過程，只要落實佛教的戒規，境界會日漸提升，法喜不斷充滿，最後會像這匹良駒一樣，安樂自在了。

再說父母苛待兒女，或教師體罰學生，實在不是惡意，而是當作方便調御，用意最佳，所謂「玉不琢、不成器」，不經一番嚴格調教，肯定不可能有大成就，天下父母心都不例外，而且所有教師們的苦心亦然。反過來說，每個人不可能天生不經管教，就能自然成大器，領悟短暫的嚴格之苦，會有無窮安樂在後頭。

75 苦惱根源，出自貪愛

（生經第四）

某地方有一片悠久廣大的森林，自古至今，從來沒有人進去過。只見古木參天，沒有一棵樹是折斷或受過傷。裡面有樹神居住，所以誰若進入森林裡砍柴、割草，或摘食果實，那麼，誰都能得到樹神的眷顧，享受陰涼和清水，而那種舒適自在，當然不在話下。

有一隻鳥兒口含毒草，飛進森林裡，停在一棵大樹上，竟掉下口中的毒草。毒草的巨毒馬上危害這棵大樹，眼見很快就要枯萎了，樹神在驚慌悲哀下，也無可奈何。

「真是劇毒呀！頃刻間使這棵樹枯萎大半，還不到夕陽西下，就變成這個樣子。倘若日落西山，恐怕這棵樹要報消了。十天之後，一大片森林也許會全部枯萎，不知要怎樣消除毒害才好？」

當樹神正在苦惱和尋思之際，乍聞空中傳來天神的聲音：「馬上會有一個人要路過這兒，你快把樹下埋葬的金子拿出來，請他馬上挖掉那棵被毒害的樹根。若把樹根全部去除乾淨，就不會傳染其他樹木，而且會恢復原來的茂盛，不要猶豫，等著瞧吧！」

樹神聽了毫不遲疑，便化身人形站在路旁，等待那個人走來。片刻後，果見一個漢子走著來。樹神迎向前說：

「喂！我在樹下藏有金子，正想要給你，但要請你把那棵枯樹根挖出來。」那個漢子聽說有金子可拿，便馬上動手了。之後，樹神也不食言，遞給他不少金子，而他後來也成了一位巨富。

這座廣大森林至今依然存在，藉千古因緣才能這樣茂盛。

釋尊說：「森林彷彿三界之迷，樹神是引發新菩提心的行人。鳥兒所以會從別處帶來劇毒，便表示魔事與迷妄產自無明，而虛空之神為佛的教理。各位修行人應該依照佛教，迅速去挖掘慾根，除盡淫慾和愚痴……。」

【佛理今釋】——這話不錯，外來的災禍會害到全體大家，為今之計，只有趕快正本清源、除掉禍根，長痛不如短痛。正在煩惱時，幸虧有善知識提醒秘訣，問題是不能怠惰，也不能遲疑，要當機立斷去實踐忠告：倘若光知不做，後果不堪設想。所以人要珍惜良言玉語，並且發心去做。

76 恍然覺悟為俊傑

（大莊嚴論經第二）

有一位修行僧和一個婆羅門，正在同一座森林裡結夏安居，修行僧平時往返於婆羅門的地點，但雙方關係不怎麼親密，交情也平淡。原因是，來往太親密，會使對方生起傲慢心；如果太過疏離，也會惹起他的僧惡。修行僧不時這樣暗忖：

「在陽光下立竹仗，影子會不偏不倚，
若把竹仗靠在牆壁上，影子會變長。
對他不能太認真，親疏程度要恰當，
如果一切都通暢，以後才方便說法。」

因此，他慢慢等待機會了。不久，兩人不知不覺地交往密切，似乎可以親切交談了。

有一天，修行僧去訪問婆羅門說：

「喂！看你每天高舉雙手，長時間面對太陽，臥在灰土上面，裸體滾轉、啃草，晝夜不躺下來；有時舉起單腳站立，不知這樣辛苦修業所為何事？」

對方聽了得意地答說：

「因為我想下輩子出生當國王呀！」

之後有一天，這個婆羅門患病了，去找醫生治病時，醫生要他吃肉，保養身體。

婆羅門回來央求修行僧說：

「我今天去看醫生了，他吩咐我要吃肉才能讓身體健康，所以，請你幫我出去行乞些肉食回來好嗎？」

「現在該是教化他的時候了。」

只見修行僧另外化作一隻大羊，被綁在附近，之後對婆羅門說：

「我剛才出去回來，你想要的肉片也給帶回來了。希望你要好好享受，保養精力。」

「那麼，你的肉在哪兒？」

「那塊肉正是被綁在這邊的羊呀！」

不料，婆羅門聽了大發雷霆喊道：

「啊！你要我殺羊吃肉嗎？豈有此理，我即使病得再重也決不會為了吃肉去殺生。」

修行僧一聽，明白救渡他的因緣成熟了，便慢吞吞地唱出下面的詩偈：

「你現在憐憫一頭羊，而不想去殺牠，
倘若將來當國王，你會高高在上，
殺害無限的牛、羊、豬、雞、狗和野獸，百吃不厭。
倘若你這個國王一生氣，也會砍下人的頭，
斬斷人的手腳，也會挖掉人的雙眼。
你現在很憐惜一頭羊，反而想做殺生之王，
倘若你真有慈悲心，就要放棄做王的意願呀！」

婆羅門聽到對方的偈文，沈默半晌，答不出話來。片刻後方才抬頭說：

「你用善巧方便，引我步入正道。我感激你指點我，我再也不想當國王，享受世俗的榮華富貴，只想要正確的解脫途徑。」

【佛理今釋】——許多人顛倒妄想，相信邪見還不自知，倘若沒有高人指點，肯定下場悲慘。有些人執迷不悟，替自己的邪知邪見提出辯解，結果得不到真理，迷惑一輩子，成了可憐蟲。聽到人云亦云，或古老傳說，不要馬上相信不疑，先要自己冷靜思考，覺得正確才去落實，否則要趕緊拋棄。

另一項啟示是，存心救人也要看時機恰當與否，若不恰當，只好伺機而動，待機緣成熟再開口，否則，效果適得其反，同時多用善巧方便，收效會更大。

77 諸法無我與無相

（大莊嚴論經第五）

某地方有一漢子擅用魔法，但他也略通佛理，一天，他到耆闍山去供養一群僧眾，準備許多食物。一切都準備妥善時，只見他用尸陀羅木，塑造一個漂亮的女人像，公然在一群僧眾面前，跟這個木女人擁抱接吻，任意做愛，讓他觀看了。

這一來，僧眾都忍不住怒斥他說：

「你這可惡的傢伙，竟公然幹這種荒淫勾當，我們不能接受你這種人的供養。」

他聽了僧眾的怒吼，便突然拔刀砍殺那個女人。只見她的兩隻手腳被砍斷，眼睛被挖出來，鼻孔也被削去，反正全身都被殺得支離破碎。僧眾見他這樣，更加怒吼說：

「我們寧可喝毒藥，也不要你這種人的供養。」

誰知他一面聽僧眾的指責，一面心平氣和地說：

「你們都說我幹苟且淫蕩的事，怒不可遏，又說我殺人而給予責罵，請問我該怎麼做才能供養諸位呢？」

被他一問，僧眾們你一言，我一語，便立刻騷動起來。

大家騷動之際；他反而沈著地將支離破碎的破木片撿起，展示給大家看，同時合掌說：「剛才跟我亂來的女人，便是眼前的木頭。我那有殺死什麼人呢？而今我供養諸位的飲食，目的在使大家能安住身心，才展現這種幻術。請聽我說，佛世尊在經上表示，一切法全屬虛幻，我為了將此話的真諦顯現出來，才表演這種幻像，像那種虛幻之身、並無壽命存在；擅用魔法者，精通竅絕，操作機關，使它現出起居動作；他能回頭看，也能走路和停止，能說亦能笑，殊不知此身為無我。」

僧眾聽了，始知諸法都是虛幻不實……。

【佛理今釋】——一切法（現象）都由因緣和合才產生，所以，因緣滅時，現象便消失，其間沒有實體性。有為法（因緣法）雖然有作用，但不會常住；無為法雖然會常住，卻沒有作用。宇宙人生之現象萬法，並沒有任何固定之相存在，僅有剎那生滅之不斷連續狀態而已，這叫做諸法無相。

78 虛實不分，苦惱叢生（大裝嚴論經第十五）

有一位長者的妻子在家裡生公婆的氣，就跑入山裡要自殺，結果中途作罷。但是，她以後不再回家去，便索性爬到樹上暫時藏身了。樹下有一個池塘，水很清澈，她的面孔反映在水紋上標緻動人。

剛巧有一個下女端著瓶子來汲水，她把反映在水中的影子，誤作自己的面貌，故喃喃自語：

「我的面孔原來這麼漂亮，像我這樣的美人，怎可當做作別人家的下女，被人任意派來汲水呢？」

她一想到此，便把手上的瓶子往地面一丟，打成粉碎，之後得意洋洋回家對主人說：

「我已經是個美人啦，再也不需要替你去汲水了。」

主人聽到下女莫名其妙的話，就忍不住說：

「你肯定是著魔了，被邪魔纏住身體了。」

主人又遞給她一個新瓶子，重新叫她去汲水。

下女只好又去一趟池塘，發現自己的姿勢依然美妙，實在不該再做這種差使，於是就把瓶子摔破了。

長者的妻子在樹上看見這種情況，覺得很好玩，竟忍不住微笑了。下女瞧見水面的美女微笑，才發覺事有蹊蹺，趕緊抬頭仰望樹上，原來有一個美人在微笑著。她仔細再瞧水面的影子，始知她的衣服並非自己的裝扮，而是樹上那個美女，這一來，下女馬上慚愧起來。

「頭上擦著薔蔔油，惑者說是自己的頭髮香，身上塗著抹香，迷者說是我的身臭。」

就像那一個醜陋的下女，看見影子以為自己是美人。

【佛理今釋】——世人要有自知之明，自身有多少份量，應該比誰都清楚，千萬不要自我膨脹，或高估自己，這樣會誤人誤己，不是開玩笑。還有虛實不分，把虛當作實，或誤以實為虛，也是混蛋一個，希望學佛的人自己警惕。

看見任何現象都要仔細思量，好好推敲，切勿匆促下結論，尤其要以事實做根據，盡量客觀評估最要緊。

79 一枝草一點露（大莊嚴論經第十五）

某地方有一隻母貓產子了，在長期的愛撫與養育之下，小貓逐漸成長，而今總算成年了。

有一天，小貓向母貓說：

「媽！我到底該找什麼東西吃呢？」

母貓說：「我不教你，人類也會教你該吃什麼食物，你不必擔心，自己出去看看吧！」

到了夜晚，小貓偷偷地潛入別人家裡，隱藏在水桶之間。不久，只聽家人在商量：

「牛奶和肉要蓋好，上面有炸雞和小魚，可別讓貓拿去吃掉了。」

小貓聽了暗喜，心裡尋思：

「媽咪說得沒錯，我該吃的東西，人們果然親切地指點我了，以後日子有什麼好怕呢？」

【佛理今釋】——杞人憂天很不智，兒孫自有兒孫福，許多父母親過份擔心兒女的前程也不聰明，只要平時好好調教，有了健康的身心與起碼的技能，走遍天下也不會餓死。人的智能與日俱增，活到老學到老，世代傳承成了有價值的文化……。人類除了有些本能以外，其他行為都屬於社會文化的模式，好像小貓生存的例子即是。

母貓尚未開示小貓以前，小貓很擔心未來的生計，當然日子不快樂，等到牠聽到母貓慈愛的教訓，才恍然大悟生存之道。從此，日子過得很自在。由此引伸，學佛也一樣，只要肯落實教法，何愁沒有幸福的生活呢？

80 既非永久物，何必執著它？（修行道地經第四）

有一群兒童正在一條河畔上積沙玩耍，樂不可支。只是他們聚集石頭與泥沙，建造城市與住宅，口口聲聲說：「這是我的城市」或「這是我的房子」，各有各的傑作，怎麼也不讓別人碰到它。

其間，有一人用腳碰到別人的城市，馬上破壞了沙屋。那個屋主十分憤怒，拉著對方的頭髮，握緊拳頭猛打一陣。同時，大聲叫嚷：「你這個傢伙，竟敢破壞我的房子，你們來呀！快把他揍一頓。」

孩子們一齊擁來，拳打腳踢，責備那個兒童說：

「破壞別人的房子，本來就不應該，你只要讓它恢復原狀就好了。以後誰若破壞別人的房子，都要這樣處罰，大家都要保護自己的房子。」

「兒童們建造泥沙城和泥沙屋，一旦碰倒就會損毀。造沙城沙屋為了好玩，他們都說是自己的傑作，在那兒玩樂，彷彿在王宮一樣快活。」

兒童建造自己的沙城玩耍，愛護自己的傑作，而不讓別人接觸，非常慎重其事，到了太陽西下，他們的心也不再停留在城裡了。他們想到心愛的父母親身邊，一直被愛顧的沙城沙屋，也被他們的小手小腳踏壞了。他們頭也不回地回家去。

兒童積沙石建造城市和房舍，並在那裡遊玩終日，直到太陽一下山，再也不留戀它，好像遭人捨棄的草屣，棄之回家去。

【佛理今釋】——故事寓意十分精彩和生動，兒童可以譬喻為一般世人，凡透過眼、耳、鼻、舌、身、意所見所聞，所觸所想到的喜愛之物，總會執著為「我的」，死也不肯放手，想永遠佔為己有，或永遠由自己的親人獨佔利益，殊不知那些是因緣的和合物，因緣消失，就像沙城沙屋一般，被人一碰，被水浪一沖，無一倖免，全部會損壞，所以，執迷為己有必定會苦惱。兒童無知，才會誤以為真實，結果引來一陣捱打，破壞和睦，這也可反映人間的情狀，死亡的大限一到，只有任它消失毀滅，怎麼可能永遠屬於自己的呢？

81 自行開悟，報答佛恩

（福蓋正行所集經第六）

且說有甲乙兩鬼正在搶奪三種東西——箱子、鞋子和槌子。兩鬼把它放在面前，彼此爭著要它，但一直分不出勝負。於是，甲鬼大聲吵嚷：

「對面有一個婆羅門為人正直，一定能夠公平審判，我們何不去請教他？」

乙鬼放下搶奪的動作說：

「既然這樣，現在就去，免得雙方都不安定。」

只見兩個鬼抬著箱子、鞋子和槌子走進婆羅門的家裡，很誠懇地合掌央求說：

「婆羅門啊！聽說你為人很公正，世間罕見，才特地來請你幫我們公平分配這三種東西好嗎？」

婆羅門聽到他們的爭執，不禁好笑說道：

「為什麼要為小事情起紛爭呢？這樣辛苦從老遠跑過來。」

不料，兩鬼卻認真起來，只聽甲鬼說：

「這事非同小可，怎麼能不認真呢？」

乙鬼也不甘示弱地抗辯：

「你別看這個小箱子，可是頗有奧妙，它能變化無窮，不論人想要什麼，箱子裡便能流出什麼。誰能穿上這雙鞋子，便能昇天，享受各種美妙的快樂。至於槌子嘛，它能打敗所有可恨的敵人，功用不少哩！」

甲鬼隨著說：

「如何？我們搶著要它，不是沒有道理的呀！」

果然，婆羅門聽了也覺得不錯。

「好吧！我明白了。」婆羅門一面說，一面叫兩鬼遠離這些東西：

「既然這樣，讓我想一想，之後，我會把這三樣東西公平分給你們，誰也不吃虧。不過，你們要暫時閉起眼睛。」

兩鬼聽命閉上眼睛了。誰知婆羅門匆匆穿上鞋子，手持箱子和槌子，上昇天界去了。

「兩鬼呀！我給你們平均分配好啦。」

兩鬼乍聞聲音從空而降，睜眼一瞧，不禁雙腳直跺，說：「啊！上當了。」「唉！太可惜了。」彼此懊悔自己的愚笨，平白失去三種寶貝。

【佛理今釋】——譬喻中的箱子是布施，因為它能流出自己想要的福德；鞋子即持戒，因為它能使人出生天堂；槌子即禪定，因為它能降伏許多惡魔。

各個眾生的根性不同，與生俱有的性質、希望和嗜好等，各異其趣，佛世尊勸導大家在六波羅蜜——布施、持戒、忍辱、精進、禪定和般若——等修行中，應該特別重視布施、持戒和禪定。

富人希望享受五慾的快樂，佛會用方便勸告他們修行布施；有人希望出生天界，承受美妙之樂，佛也用方便勸他們修行淨戒。誰想離苦得到解脫，佛會用方便叫他修持禪定。總之，誰若修行開悟，還要報答佛恩。

當然，最好能修持六項，否則修行三項也頂好。

82 破戒失德，非同小可

（福蓋正行所集經第十）

某地方有一位富裕的老人，一天，他交待女婿說：

「你現在把車子推到山裡去，砍些柴薪回來。」

女婿果然從命，坐著牛車上山去。誰知他正在埋頭砍柴之際，不知何時，竟然失去牛的蹤影了。

女婿發覺事態嚴重，迅速把車子交待僕人看著，自己親自去找牛。不料，始終不見牛的蹤跡，待他返回原地一看，連車子也不見了。這一來，他大吃一驚：

「看樣子，我回去要挨罵了。」

一想到此，他覺得驚慌，又到處去找尋，一會兒，他來到一個大池塘畔。只見水池上有一大群水鳥，正玩得不亦樂乎。

「好啊！待我抓一隻回去。」

他站在遠處，用力將手上的小斧頭向水鳥群一丟，當然，小斧頭沒有擊中水鳥，反而激起很高的水泡，形成圓圓的漣漪，波浪打到岸上，小斧頭沈入水底了。

「啊！完了。」

他馬上脫掉衣服，噗通一聲，跳進池塘裡，拚命想找尋小斧頭。無奈，找來找去沒有影子。

「這一下完啦，什麼都沒有了；水裡很冷，上岸要緊。」

果然，他終於爬到岸上，仔細一瞧，不好！怎麼衣服也不見啦？這該怎麼辦呢？

他哭喪著臉，全身赤裸裸地，直到夕陽西下，才走到家裡。不過，他偷偷進了門，繞道側旁，藏身在窗戶下。

當然，這時家人都不知道是他，不由得大叫：

「不好啦，有賊，有賊啊！你們快來。」

這一來，除了家人全體出動，連附近鄰人也紛紛出來，手持木棍、槍械和尖刀跑過來，不分青紅皂白，狠狠地揍他一頓。結果，他傷了一隻眼睛，血流如注，暈倒在地上了。

由於地上的血腥味很濃，引誘一群惡蟲紛紛從樹上下來，吃掉了那隻眼睛。天亮之後，主人出來一瞧，始知是自己的女婿，不禁好生奇怪，趕緊問他原因，女婿才把事情的經過全盤托出了。

【佛理今釋】——丟掉牛、車、衣服和眼睛等，把事情弄得一團糟，可見他沒有智慧，不會處理問題，而且貪婪心重，才會屢遭不幸，受盡苦楚。

修行即使不能多聞多見，起碼也要堅守戒律，一旦破戒，等於失去眼睛，毀戒的人，不但會失去功德，也沒有資格接受供養。

做錯事要勇於懺悔和慚愧，才能得到寬恕、減輕罪業和苦惱。否則，煩惱一輩子也不得解脫，縱使時間能夠稍微沖淡記憶，卻也無補於惡業的消除和減少。

慾望多而不知節制，肯定會自食苦果，這是違反「知足常樂」的人間共識，學佛的人要牢記這句世間法，也是佛教的智慧之一。

83 強中更有強中手

（舊雜譬喻經下）

有一天，目犍連坐在樹上初試自己的道眼，居然看到八千佛國，不禁得意非凡，以為比佛陀高明，便去問佛陀：

「世尊，我今能看見八千個佛國，我想功力不會比您差勁吧？」

「目犍連，你的眼力道行相當不錯，不過，這像明燈與摩尼寶珠相比一樣。彼此相差很遠。我的眼力能看到十方各個十恆沙國。其中一個沙為一個佛國。而其中的所有事物都逃不過我的眼力。例如有些在兜率天想進入娘胎；有些出生娘胎；有些出家修行；也有些降伏惡魔；有些在說法轉動法輪；有些進入涅槃，燒成舍利。諸如這些眾生不勝枚舉，然而，我對他們的動態都能瞭如指掌。」

不久，釋尊從眉目間放出白毫相光，照遍上方，又從身上放出光明，照遍八方角落，同時從角下放出光明，照射下方千百個國家。這時，十方諸國，起了六種震動，而佛的光明，卻通行無阻。因此，目犍連在釋尊眼前，才能看見無數個國家。然後如釋尊所說，諸國情況才能瞭如指掌。

「您說能看到十恆沙諸國，而今我所能看到的狀況，就是這個嗎？」

「目犍連，因為你相信，我才特地展示讓你瞧瞧，而我所能看到的豈止這些？」

目犍連聽到後，無異大山崩潰，整個屁股摔倒落地了，忍不住放聲大哭，說道：

「我現在才明白世尊的功德實在浩瀚，我真難為情，覺得好像下地獄一樣。世尊常說我的神通第一，其實微不足道，遠比您老人家差太多了。」

【佛理今釋】——放眼周遭，也許自己比旁人稍有成就，或稍微聰明，但千萬不要自傲自滿，須知能人背後有能人，一山遠比一山高；百尺竿頭仍須努力，正是指這種人。所謂半桶水響叮噹，彷彿目犍連的心態，而佛陀正以滿桶水不會響，真正高人不露相。幸好目犍連知道自己差勁，懂得羞愧，以後才會進步。這是知之為知之，不知為不知，是知也，而且不起嫉妒心陷害佛陀，還算相當難得。

84 因材施教，效果非凡

（舊雜譬喻經下）

某地方居民素行不良，又很兇惡，十分難以教化，全國男女老幼，全都無惡不作。有一次，釋尊率領徒眾到附近國家去　目犍連稟告釋尊：

「世尊，我想去那個野蠻國家一番，您看好嗎？」

釋尊允諾了。之後，目犍連去那裡勸善說教，規勸他們不要為非作歹，否則，罪業很多。誰知他們聽了反罵目犍連，任誰也不聽他的教誨。這一來，目犍連垂頭喪氣回來了。這時，舍利弗對他說：

「若想教好他們，需用智慧才行。」

舍利弗也蒙獲釋尊允許去那裡教化。結果，那裡的人不僅不聽教化，反而吐口水侮辱舍利弗。接著，大迦葉也率領五百名徒眾去該國。努力教化，最後不但無功而返，也被他們羞辱一陣。這時，阿難說：

「那裡的人全是混蛋，不但不肯聽教誨，反而侮辱許多位阿羅漢。本來，羞辱一位阿羅漢的罪就不輕了，再加上侮辱，並違反他們的教誨，必會有重罪，連虛空也不容他們了。」

「沒錯，他們的罪業深重，但若依菩薩的眼光看來，恐怕他們都沒有罪。」

之後，釋尊又派文殊菩薩去了。不料，文殊一到那裡，反而讚嘆一切：

「這裡的人民，不僅全是聖賢，他們所作所為再好也沒有了。」

即使他去拜見國王，也會讚不絕口。原來，他依照百姓不同的教養程度，紛紛稱讚某人勇敢，某人有仁義，某人很孝順，某人有膽識，某人有智慧，因應各人的特色而予以褒獎，結果，皆大歡喜。反之，他們也驚嘆這位大人說法神妙，竟能洞悉自己所想到的事。不久，百姓紛紛手持貴重的香華，散放在文殊菩薩的頭上，爭先供養衣服與飲食。可見文殊比起以前幾位阿羅漢，真是受到極大的款待。此時，文殊發覺因緣成熟了，便開始說教：

「你們都很誠心供養我，其實，我遠不及我的師尊。我的老師便是世尊，也是佛陀。倘若你們肯供養佛，那麼，那種福報比供養我大幾十倍。」

該國的百姓聽了非常歡喜，便跟隨文殊菩薩來到釋尊面前下跪，聆聽教法了。待文殊完全教化成功以後，只聽釋尊向阿難說：

「阿難，你看他們侮辱阿羅漢的重大罪過那裡去了？」

五百位阿羅漢五體投地，自嘆不如，也覺得很難為情。

【佛理今釋】——眾生皆有佛性，而且有機會接觸佛法，結果未必都能得法喜，最大的原因是，教化方法不好，無法接引他們，遑論教化開悟？例如故事裡幾位阿羅漢便是不懂方便善巧，不僅無功而返，反而遭到侮辱，還硬說對方有罪，殊不知教化者自己要反省、要檢討才對。

教育家和領導人也一樣，對待學生或部下，也要用不同教材與方法，去教誨不同程度、個性、年齡、性別、族裔的對象，才會有好效果，而且事半功倍，皆大歡喜。千萬別動不動就批評對方不行與不對，其實真正不行的人是自己，倘若自己不反省的話。

還有更難得的是，文殊菩薩教化有功，也不會自鳴得意，更不會吹噓自己比釋尊強，反而藉此引伸自己的師尊才是至聖佛陀，應該去供奉他……。

有人品性不良，無惡不作，也是特殊因緣所致，決不是天生這樣，所以不能置之不理，任其自食惡果。只要設法改變因緣，便有希望改過向善……。

85 佛也有憂喜，到底為何故？（舊雜譬喻經下）

有一天，釋尊坐在樹下面向無數人說法，他們獲得法喜之餘，有些人證得阿羅漢果，有些人雖然未能證果，卻也因此得到功德。總之，獲益的人太多了。然而，釋尊的臉上失去光明，好像很不快樂的樣子。阿難不禁問：

「世尊，自從我侍候您到現在也已經八年了。但是，我從未見過您像現在這樣光明盡失，不知原因何在？難道徒眾裡，有人失去道行嗎？還是有誰造了惡業而下地獄呢？」

「阿難！假定現在有個生意人，滿身懷著奇珍異寶，出去遠處經商。不料，他在途中遇到強盜，身上的財寶全被搶走，連衣服也被剝去，甚至吃飯也成問題，試想這個生意人會憂愁嗎？」

「當然會憂心忡忡了。」

「阿難！我長期修道和說法，不外想讓天下眾生都能成佛。但是，我自己修成正果，而其他還沒有一個人有這種成就，這才使我憂鬱得很。」

「世尊，在佛弟子裡，從過去到現在，已有太多人證得阿羅漢果了。至於尚未證到果位的功德者，也幾乎多得數不清了，難道其中沒有一人有這種功德成就嗎？」

「阿難！譬如一對老夫妻養育十個女兒，難道這些女兒便能繼承家風了嗎？」

「不能。」

「阿難！不論多少人證得阿羅漢果。他們可不是我的兒女，都沒有資格替我坐在樹下說法。這如某人養育幾個女兒，他們逐一出嫁以後，最後也只剩下孤獨的老夫妻而已，而我的狀況也一樣。」

話說到這裡，釋尊不禁涔然淚下。這時候，三千世界起了巨大震動，無數的天龍與百姓，紛紛燃起追求大道的心。同時，釋尊臉上也呈現歡喜的光輝，無數光明照遍十萬世界，而展現異常的光景了。接著，那些沐浴在這種光明下的眾生也紛紛得到救渡了。

「世尊，您為什麼有這種光明與神愛呢？」

「阿難！上述那對老夫妻因為祭祀天神，也向地祇祈禱，所以到了晚年才好不容易得到一個兒子。這樣才有人繼承老夫妻的家業。難道他們不會高興嗎？現在，所有眾生都發心追求佛法的殊勝教理，才使佛種不會斷絕。因此，我才會這樣高興哩！」

【佛理今釋】——這可以看出佛陀的慈悲，因為遲遲看不到有誰能證到佛果才會憂愁，絲毫不會唯我獨尊，嫉妒旁人跟自己同享殊榮，而且擔心正法無人傳承，慧命會斷絕，後人得不到法喜……。反之，一旦後繼有人，佛種能夠留傳，便歡喜不盡。世間法本來如此，絕學與特技不能中斷，理應繼續發揚光大，成為人類文化的遺產，而後代子孫也要爭氣，一面要繼承先人的遺產，一面要加以充實，世代傳承，永遠保留下去才好。

86 供養佛法僧，功德會無量

（舊雜譬喻經下）

有一個窮苦的少年，某日到國外，竟意外地得到一個甜美的果實。只見它芳香撲鼻，實在是奇珍異品。他捨不得吃，慎重地收藏起來，想帶回去給父母親吃。在歸途中，正逢釋尊率領徒眾前往某位長者的家去。雙方剛好在路上碰頭了，年輕人從有記憶以來，既不曾瞻仰過佛，也不曾踏過佛的足跡。而今偶然相逢，總算有機會仔細瞻仰了。他看見佛的面孔與光明完美無缺；目睹佛的足跡也百看不厭。他樂見佛身上的許多特徵，自覺慶幸，連地上的足跡也不同凡響，便知佛是世間罕見的大德了。之後，他改變主意，想把那個甜果改獻給佛吃。所以他便在路上等著釋尊經過，片刻後，他坐在佛的腳跡上，嗚咽流著悲喜的淚水。許多來往行人目睹他的情景，不懂他何以拿著果實坐在路邊哭泣？便紛紛走前來問他，他回答說：

「我守在那位覺人的足跡上，一直苦等他回來。雖然，我想把這個果實呈獻給他，但至今仍然不能如願，才會哭泣自己的不幸與福薄。」

一會兒，來往行人像雲集般，站在少年的周圍，一面嘲笑他，一面說他：

「佛要不要經過這條路尚不可知，你一直待在這兒不是瘋了嗎？」

這時候，釋尊到了那位長者家裡，弟子們也紛紛就座了。半晌，他們接受了各種供養，而釋尊突然回顧阿難說：

「阿難，長者供養的動機，在於求得果報；但是，守在我的足跡上等著我回來，想要供養一個甜果的年輕人，除了懷著一顆供養心，別無其他目的，實在夠純潔。那麼，讓我們慢慢走去吧！」

片刻後，釋尊等一行邁向那個少年的地方走去。除了菩薩等一群弟子，還有許多長者、居士及其他人，也紛紛跟在釋尊的後面走了。那個少年坐在遠處看見佛陀具足各種相好，光明凌駕日月之上，馬上朝向釋尊禮拜了。這是誠心誠意的表示，同時獻上自己手邊的甜果……。

【佛理今釋】——最高貴和最有功德的供養心是不求回報，一片誠意而已。雖然，有條件或有需求的供養比較遜色，不及無相供養，但也是善舉一樁，值得肯定與倣傚。而今國內各地都有人發心供養佛、法、僧三寶，讓佛法得到空前發展，也照樣有善果，有福德。

學佛不只到寺廟禮拜佛菩薩、讚嘆他們的殊勝功德，還要竭力供養和護持，讓佛法永遠傳承、利益更多眾生，才是三寶弟子的職責。

87 痛改前非，也有福報

（舊雜譬喻經下）

佛陀十大弟子之一的阿那律，早已證得阿羅漢果了。但見他的長相端正，十分出色，乍見下好像一個女人樣。有一天，他獨自在草地上行走，一個輕薄少年以為阿那律是個女人，馬上起了淫念，想要對他動手動腳。不料，當他發現對方是個男人時，那個少年忽然變成了女人。因為心生慚愧，便自願走入深山，好幾年不敢回家來。這一來，他的妻子以為丈夫死了，哀慟不已。

有一天，阿那律偶然來訪，看見婦人泣不成聲，詳問之下，始知她丈夫幾年沒有回家，同情之餘，使替她進入山裡找尋她丈夫了。少年又看到阿那律，自覺慚愧，馬上起了自責心，這一來，他又恢復男人本相，最後才回家去相會久別的妻子。

【佛理今釋】——學佛修行不光看外表舉止和說話，也重視起心動念。倘若滿肚子歪主意或邪知邪念，縱使不表現於外，也不是完全不可能被察覺，所謂日久見人心，終究會被人發現「不是好人」，而且惡報不斷，下場不樂觀。例如虛偽者、假紳士——都讓人痛恨，甚至連他們的家人子孫也會被人唾棄。但是，只要肯生慚愧心，懺悔改過，也照樣有善報，受人尊敬，例如「放下屠刀，立地成佛」可以為證。

88 專心修行，最為殊勝

（舊雜譬喻經下）

有一位修行僧住在山裡修行佛道，一天，只見一個鬼化成無頭人身走過來。修行僧看了說道：

「不必擔心頭痛，蠻不錯嘛！因為眼睛看得見顏色，耳朵聽得見聲音，鼻孔聞得到香氣，嘴巴嚐得到佳味，而今你沒有頭顱，倒也令人羨慕。」

半晌，鬼走開了。又有一個化身五體的人，只有手腳而已，出現在修行僧面前。

修行和尚說：

「無身的人，不知痛癢，因為沒有五臟，也就不知病為何物？真是令人羨慕。」

片刻後，鬼又走開了，但他化身為沒有手腳的人，三次出現在修行僧人面前，只

聽修行和尚說：

「因為沒有手腳，才不會去拿人的財物，不能幹壞事最重要。」

這時候，鬼終於開口說話了：

「和尚能一心守持，對任何事物都不會動心。」

說完話後，鬼變成一個端莊漢子，前額觸及和尚的腳，表示恭敬，然後自行離去。

【佛理今釋】——眼、耳、鼻、舌、身、意好像人身的六個窗口，接觸外界，收受訊息，但會愛染自己喜愛的色、聲、香、味、觸和法，以至執迷不捨，而這六個窗口即六根，無疑成了苦惱根源。外界的是非計較，名望讚揚，都會影響人的心境，那麼，怎樣守持心境，不被外界所影響，也是快樂的關鍵。

89 偶像崇拜非佛法

（舊雜譬喻經下）

有五個道人在路上行走，途中突然雪雨交加，迫使他們只好找到一間宮廟去住宿了。不料，宮廟裡擺著幾尊鬼神的像，皆是民眾崇拜的對象。當晚，四個人說：

「天氣這麼冷，乾脆把鬼神的木像燒來取暖算了。」

此時，卻聽一人堅持反對：

「那些鬼神的像，全是民眾所敬仰的，我們沒有理由燒毀。」

幸好有一人反對，才使燒木像的事得以作罷。

「讓我把那個人吃了，只有他才怕我，其他人比我還壞。」

不久，深夜來臨了，反對焚燒鬼神之像的人，聽見吃人鬼在自言自語，驚訝之餘，趕緊叫醒其他四位伙伴說，還是燒毀鬼神的像才好，果然毫不猶豫地把木像燒毀了。這一來，吃人鬼才驚慌逃走。

【佛理今釋】——疑心生鬼神，杯弓像蛇影，所有這些都是心的幻相，縱使宮廟裡擺有鬼神的木像，也只是信仰的象徵，不料，看到的人胡思亂想，一下敬仰，一下害怕，片刻之間，思潮起伏，殊不知全是自己內心在作怪。

人活在世間，心不要被外境所轉，應該要使心能轉境，心境保持清淨，精神自然爽快，身體也能強健，所有邪思邪念都會一掃而光，而修行秘訣也是在這裡。

90 謎中謎，最難猜

（舊雜譬喻經下）

有一位國王在打完獵的歸途中，經由一座僧院的巨塔時，自動下馬向僧眾作禮。群臣看了無不驚訝，並在談論紛紛，國王便對他們說明理由：

「假定有錢放在沸騰的鍋子裡，你能伸手進去拿嗎？」

「當然不可能伸手進去。」

「放入冷水以後，你能拿到錢嗎？」

「這樣便能拿到錢了。」

「好，打獵好像沸騰的滾水，而焚香，舉起燈火，向寺塔禮拜，無異將冷水放入滾水裡。」

【佛理今釋】——沒錯，焚香、舉起燈火向寺塔禮拜，可算一種供養功德，也是一項讚嘆或隨喜，當然可以肯定，但是，打獵是一種妄殺，嚴重違反在家人學佛的戒律，而殺生的罪業非同小可，當然得不到供養應有的功德，所以，國王禮拜寺塔也只是彌補自己的惡業，功過不能相抵。

這事譬如偷竊財物，用偷來的部份財物去供養寺廟，或沒有慚愧心去焚香，這樣有多少功德呢？不做也罷。同理，國王首要放棄打獵，之後去焚香禮拜寺塔才有意義，才有最大功德。否則，是捨本求末，極為不智。

社會上有人壞事做盡，得到一筆財富，之後拿去布施，這樣可有什麼功德嗎？大家想想也知，只有不做壞事，即使不行布施也算是個大好人，最後自有好報。

91　菩薩作風菩薩心

（大乘本生心地觀經第四）

某位長者的兒子很聰明，也精通藥性，能分辨天下一切毒藥，不時很得意自己的本領。

有一次，兒子外出，長者在家宴請一大群親友，擺出各種佳餚，大家吃喝、歌舞，興高彩烈，不料，其中一人對長者早有憎恨心，便暗中在酒菜裡下毒藥。但是，在場群眾誰也不知此事，照樣大吃大喝。

酒席方酣之際，聰明的兒子回家了。父母親把剩下的佳餚端出給兒子吃。幸好兒子機警過人，發現食物裡有巨毒。不過，他知道大家都吃下含毒的食物了。他心想，如果現在吐露實情，大家會當場毒發死去。

這時候，他心生一計，立刻故意說：

「我現在不能享用這些山珍海味，原因是剛才我選購一批珠寶，托人家保管，卻忘記鎖上箱子，現在忽然想起，不得不回去鎖上，之後，我會吃完飯再回來。」

父母親聽了也不阻止，便讓兒子上街去。誰知他一出去，便去找醫生買些阿伽陀解毒藥，接著匆匆趕回家。只見他迫不及待先拌攪奶汁和糖，一起煎熬，滲些阿伽陀，再端到大家面前，說道：

「請大家趕快喝下這碗甘露，這是雪山的阿伽陀解毒藥。因為你們都吃下毒物了，我剛才特地出去給你們找來這些不死的妙藥。」

父母和親友們聽了才高興地服下藥汁，只見他們紛紛吐出毒物，才免於死難。

【佛理今釋】——長者的兒子譬如出家菩薩，父母和親友都喝下煩惱的毒藥，沈浮在生死苦海上還不知情，反而誤認為甘美的食物、或歡娛的酒席；而菩薩為了拯救他們，便去出家修道，領悟不死的解藥，後來解除他們的病苦。

世人都貪婪身體感官的快樂，殊不知執迷那些，等於喝下毒藥，必須靠佛教的般若智慧才能解救，倘若中毒不深，解救還來得及；如果中毒太深，執迷不悟，又不肯服下解藥，只有死路一條了。放眼今天，擁有解藥的菩薩倒有一些，可惜聽眾不多，實在沒有福報呀！

92 最真實的譬喻，最迫切的覺悟（雜阿含經第四十三）

一個漢子拿著一個箱子，箱裡有四條兇惡的毒蛇，他警告身邊一個男人說：

「我把這個箱子給你，小心裡面有四條毒蛇。你一定要小心去餵牠們，供應溫水，好好照料。倘若處理不好，只要其中一條蛇患病，我就不會饒你。縱使不殺你，也會使你受罪，那時可有苦頭吃，千萬要小心。」

他說話到此，便突然丟下箱子逃走了，但見他又回頭警告那個男人說：

「有五個仇人在後面持刀追來了，你要小心應付呀！」

他仔細一瞧，果然有五個人揮刀追來了。不料，有人又出聲警告他說：

「現在有六個強盜在跟你了，他們要藉機會殺你，你千萬得小心呀！」

除了四條毒蛇，和五個仇人以外，又加上六個強盜了。他被他們追殺，而逃到一個無人居住的村子，匆忙跑進一棟空屋，透了一口氣，左顧右盼，竟發現這座房屋腐朽破爛得快倒塌的樣子，連床和柱子都搖搖欲墜，沒有一件令人滿意的東西。此時，一個漢子在警告他：

「這裡是一個空村，沒有人居住。只有一群強盜盤踞，你如果停留在此，會慘遭他們的殺害。」

這一來，他又驚慌地離去。不久，來到一條水流湍急的河岸，岸上有許多可怕的事物，幸好對岸沒有什麼恐怖現象，反而涼風吹拂，百花盛開。可惜，這時沒有橋架，也無船可渡，他暗自尋思：

「我何不找些草木來編成筏子，用手和腳代替搖槳，努力橫渡到對岸。」

不久，他終於上岸了，總算到達安樂的境界，後邊再也沒有四條毒蛇，五個仇人，六個強盜和群賊追來了。

【佛理今釋】——箱子譬如我們的肉體，而人的肉體來自父母的精血，由地、水、火、風等四項元素組成。四條毒蛇指地、水、火、風四種元素。其中只要有一種情狀惡劣，就會令我們必死無疑。即使不死，也會活受罪。持刀的五個仇人，意指色、受、想、行、識等五蘊。六個賊子是眼、耳、鼻、舌、身、意等六根的喜愛。六根是易壞又易變化的無常之物。空村裡一群賊子指六塵——色、聲、香、味、觸、法，也就是外界的東西。不管這些東西合不合意，也都會妨害到六根。急流表示四種湍流——三界的妄見，慾界的各項煩惱、生死輪迴，和無明的巨流。然而，我們常常飄浮在這四種湍流上面。大河指慾、色、無色等三界的愛慾。恐怖萬端的河岸，譬如我們的身體，快樂涼爽的對岸，譬如涅槃。筏子譬如八條正道，用手腳代槳，橫渡急流者，譬如向精進方面再求精進。

讀完諸項譬喻解說，不妨回頭再讀一遍原文，肯定會有更大的領悟和收穫。

93 精闢的譬喻，值得三思

（雜阿含經第四十三）

有一條大灰河（河水在燃燒，把東西燒成灰燼的河），河面非常炎熱，但又經常很黑暗。岸上是一片茂盛的有刺灌木，灰河上面有一群罪人在漂蕩行走，其間，有一個漢子特別醒目，因為他一直想逃離這種苦境和絕地。他心想：

「我怎會流落到這樣既炎熱又黑暗的灰河裡呢？我一定要早日離開，但那河岸又長滿有刺的灌木。我何不循著一條水流，追溯到上游去瞧瞧。」

他拚命用手腳撥水，才能慢慢逆流而上。

他游了一段，附近開始明亮了。他歡喜之下更賣力活動手腳，撥水前進，片刻後，他看見陸地了。好不容易爬到岸上，便向附近張望一陣，看見對面有一塊大石頭。其實，那是非常堅硬、完整又沒有破洞的石山，他走向前去攀登。半晌，他覺得肚子很餓，而清涼的水正從四面八方洶湧過來。這些水很乾淨、清涼、輕柔，芳香撲鼻。他剛剛喝了一口水，身體就摔下去。這時候，他在泉裡喝更多水，同時也洗了身體。只覺得身上的暑熱和煩惱全都洗掉了。接著，他繼續向前，又發現一個大池塘，裡面有七種花漫開著，那就是優鉢羅華、鉢曇摩華、拘牟頭花、分陀利花、修建提花、彌離頭犍提花、阿提目多花。

他聞一下花的香氣，滋養一陣身心，又持續往前走，爬到山頂上，發現一棟高達四層的殿堂，他走進去一瞧，有五柱的帳幕下垂，便走前去正襟坐好。裡面俱備各種枕頭和褥墊兒，花香四散，裝飾得非常優美典雅。他躺在褥墊上，蓋好身體，放好枕頭，輕鬆地休息，涼風從四面八方吹來，身心舒暢極了。

休息片刻後，他起身坐在窗口，遙望灰河裡漂浮受苦的人群，忍不住高聲喊話：

「喂，灰河上漂浮的朋友們，那裡又熱又黑暗，岸上全是有刺灌木，趕緊離開河裡吧！」

河裡的人們，有人聽見喊話聲，便尋聲發問：

「往哪邊走好呢？我要從哪邊出去呢？」

但是，河裡的人也有反對說：

「你們何必發問呢？剛才發話的漢子也不知道自己何去何從？情況跟我們一樣，漂浮在又熱又暗的灰河上面，問他有什麼用呢？」

【佛理今釋】——「灰」可以譬喻為三種惡覺——貪慾、憤怒和侵害他人等三種知覺。「河」譬喻眾生輪迴的愛慾三界。非常暑熱譬喻人的眼、耳、鼻、舌、身、意等六根，及其相應的六項情況——色、聲、香、味、觸、法。一片有刺灌木，譬喻我們追求五慾的慾望。經常黑暗譬喻為無明，意謂智慧的眼睛被蒙蔽了。一群在河上浮沈的罪人，譬喻為無數愚笨的凡夫。至於那個醒目的漢子，可以譬喻為菩薩。活動手腳、游著水逆流而上，譬喻為一心修道學法的情形……。

倘能用這些譬喻來理解故事內容，肯定會得到領悟，進而改變生活態度和價值觀念；若光讀文字內容，只不過是單純的寓言或故事，就得不到任何啟發了。

94 不值一答，不說也罷

（別譯雜阿含經第十一）

一位婆羅門叫做優陟，某日來請教釋尊說：

「喬達摩呵！一切世界有盡頭，或沒有盡頭呢？」

釋尊答說：

「我不回答這種問題。」

優陟又問：「你若不能回答這個問題，那麼，當你在說法時，有人提出來問你，你又能回答什麼呢？」

只聽釋尊回答：

「優陟，我知悉一切的法，我能為聲聞弟子分辨正道，替他們解除各種煩惱。」

「倘若這樣，那麼，你所得的道，該是所有人應走的道？還是限於某些人應走的道呢？」

不過，釋尊可沒有回答下去。優陟雖然反覆問了三次，而釋尊依舊默默不答。

阿難站在釋尊身邊一直在搧團扇，待優陟一說完話，則再也忍不住接話：

「優陟呵，你現在的問題不是跟剛才的問題一樣嗎？世尊才沒有回答你。而今我不妨說一個譬喻給你聽：某國有一座城市，周邊全是堅固的圍牆，城內的街道、店鋪、衙門，井然有序，真是很壯觀的城市。可惜，整座城市的進出口，只有一道門。幸好門邊有一名守衛的記憶力極佳，監視老百姓出出入入。只要他認識的人，便給他進來，否則就不讓他進出了。一天，城裡居民想出城去，無奈，城牆圍繞四周，連螞蟻進出的洞穴都找不到。之後，他們忽然想起只有一道門，於是，他們就從此門出去了。

雖然，聰明的守衛對於城內一切大小事情，不一定完全一清二楚，不過，他很明白城內的人必須要經由這道門出去。優陟呵，如來也跟這個例子一樣。他雖然不能對一切事物，全都能思惟和分辨清楚，但卻明白一切都得從這道門出入。顯然，凡是過去、現在和未來的一切苦惱，全部由此道斷盡無餘。」

優陟聽了阿難的話，也自然明白釋尊的意思。之後，才見他歡喜離去了。

【佛理今釋】——佛法是如實的存在，決非談玄說妙。倘若有人問些玄妙、似是而非的哲學題目，釋尊不願作答，常以默然面對。佛法是實在解除煩惱的方法，也是正確的道理，不是哲學思惟；它跟實際生活息息相關，所謂「佛法不離世間法」或

「人間佛教」者，當如是也。

若有人愈扯愈遠，或愈說愈神秘，完全無補於生活煩惱的解除，便絕對誤解佛法的真諦，不聽也罷。佛法惟一旨趣是「斷煩惱」，或「離苦得樂」的法則而已。

95 大悲行、大善心

（佛說海意菩薩所問淨印法門經第十四）

某地一位百萬巨富，膝下僅有一個兒子。當然把他看做寶貝一般，可惜，這個獨生子有些低能，總愛走到骯髒的破井邊惡作劇。有一天，一不小心，便掉進這個骯髒的破井裡去了。

這一來，母親和親屬無限憂愁，不時向井底探望。倘若破井不深，倒也能下去搭救。無奈，這個破井實在太深了。致使一群親屬只能急著在井邊走來走去，一點兒方法也沒有，徒自悲傷哭泣罷了。

父親聽說愛子不慎掉入井裡，匆匆跑到井邊著急，但也想不出救援方法，只有失神地在井邊哭叫，同時不停地向井底窺視。不消說，他實在不忍心自己的心肝寶貝溺死在井裡。之後，他好不容易想出一項方法進入井底。這一來，也費了一番辛苦，才把兒子搭救出來。

【佛理今釋】——內容是菩薩的大悲行，原來，那個井譬喻三界，而那個孩子代表天下眾生。富翁意指菩薩，而他把天下眾生看作獨生子，疼愛得不得了。孩子的母親和親屬比喻聲聞、緣覺等人，到底智能有限，只能眼睜睜憂愁天下眾生在三界的生死裡，輪迴受苦，而沒有任何方便善巧，可以拯救井底下沈溺的孩子。

反之，菩薩就有方法救助眾生了。

96 既無來處，也無去向

（佛說老女人經）

有一天，一位老婦人手持拐杖，慢慢走到釋尊的精舍來。她先以臉著地，向釋尊作禮，之後憂戚地說：

「世尊，我有事想問您。」

「你放心說吧！」釋尊微笑地答道。

「人從哪裡來，又往哪兒去呢？衰老從哪裡來，走向哪兒去呢？病從哪裡產生，又去哪裡呢？死從哪兒出發，又消失到哪裡去呢？其他如眼、耳、鼻、舌、身、意等六根，以及地、水、火、風、空等五大，全都來自哪裡？又往哪裡去呢？我想不出來。」

「你問的法門非常深妙，其實，生既沒有來處，也沒有去向。其它如老、病、死以及眼、耳、鼻、舌、身、意；和地、水、火、風、空等，也全都沒有來處，更無去向，而萬法皆是如此。譬如兩棵樹互相磨擦生火，燃燒著木頭，等到木頭燒完，全都像火熄一樣了。老太太，你想這把火從哪裡來呢？又去哪裡了呢？」

「由於樹木互相和合，或磨擦的因緣，才會起火，所以，因緣離散時，火也就消失了。」老太婆回答。

「的確這樣，宇宙間所有現象全都由於因緣才能成立。所以，一旦因緣離散，那些萬象也全部消失了。萬法既無來處，亦無去處，理由也是相同。我不妨再做幾個譬喻：譬如鼓上有皮，有人敲打鼓上的皮，才會發出聲音，所以，皮、人的手，和敲打等三種因緣相合才產生聲音，而聲音屬於空，沒有實體。這不是皮會發音，也不是人的手會發音，聲音本身就是空的，沒有實體可言。

譬如雲引起黑影成雨，同樣地，雨也不是從龍體上出來，諸法也全都沒有來去的所在。譬如畫家先要張開畫布，再運用各種顏色，任意作畫。而畫不是從畫布產生的，也不是來自畫家的手，完全是配合他的意思形成的。同樣地，生死也是根據各自所造的行為，而產生起滅的結果。就像罪禍伴隨著地獄的生死，善業也伴隨天上人間的生死。」

釋尊列舉各種例子，給老太婆說明宇宙萬象與因緣和合的道理。

釋尊深入淺出的說明，清楚明快，才解除老太婆多年的疑惑。最後，她也歡喜地告別釋尊回去。

【佛理今釋】——內容非常精彩，譬喻也十分恰當，佛法的精髓全在這裡，而三藏十二部的龐雜經典，也是用各種例子譬喻來說明這些。由此可見，佛教或佛法沒有種族、國界、文化背景或價值觀念的區別。簡單說來，不過因緣法而已。所以，若有人刻意區分中國佛教、日本佛教或印度佛教者，皆不是正確的定義。

97 按步就班，自然成功

（入楞伽經第二）

某年，釋尊在南海的楞伽山頂上向一群菩薩們說法。當時，一位大慧菩薩問釋尊：「請問世尊，我們的心不乾淨，堆積的塵垢能夠逐漸清淨，還是能夠馬上淨化呢？」

「大慧呵，我們的心不乾淨能夠逐漸淨化，但不能馬上就能乾淨的。大慧呵，這跟芒果成熟的情況一樣，是逐漸成熟，而決不是一天一夜成熟起來的。世人要清淨自己的心，也能逐步完成，照樣不能立刻淨化。

譬如陶器師製造各類器物，也是先捏泥土成形，之後放進窯裡燃燒，才能造成一個陶器。所以，若要清淨世人的心，也不能馬上做到十全十美。

大地上的各種樹木、花草以及萬物生育的情形，也決不是馬上生長，而是逐漸發育成長；同樣地，世人的心也是這樣，只有按步就班，才能乾淨。

人們學習音樂、歌舞或畫畫等諸項技藝，若要達到熟練程度，那麼，不論任何天才，也不能馬上探究它的奧義，一定得經過循序漸進的階段。同理，諸佛要教化芸芸眾生，也只能逐漸去淨化，而不可能突然令他們淨化……。

【佛理今釋】——學佛有無因緣、善根與福報固然重要，但也不表示有了這些便能馬上開悟成佛，其間要經過漫長的修行精進，直到智慧成就，才能得到淨化心境，除去煩惱。而今科學進步，文明文化愈來愈豐富，但也不表示現代人學佛證悟會速成，或一蹴可幾，照樣有階段性，仍要靠不斷精進，有時文明知識會帶來障礙，不太可能成為催速劑，這是現代人學佛要特別警惕的事。

國家圖書館出版品預行編目資料

領悟佛經的智慧／劉欣如著
－－初版－臺北市，大展，民 88
面；21 公分－（心靈雅集；62）
ISBN 957-557-948-8（平裝）
1. 佛教－弘法
225.8 88011329

領悟佛經的智慧

ISBN 957-557-948-8

編著者／劉　欣　如
發行人／蔡　森　明
出版者／大展出版社有限公司
社　址／台北市北投區（石牌）致遠一路 2 段 12 巷 1 號
電　話／(02) 28236031・28236033
傳　真／(02) 28272069
郵政劃撥／01669551
登記證／局版臺業字第 2171 號
承印者／國順圖書印刷公司
裝　訂／嶸興裝訂有限公司
排版者／千兵企業有限公司
電　話／(02) 28812643
初版 1 刷／1999 年（民 88 年）10　月

定　價／200 元

大展好書 好書大展